KB268486

김인강의

참 사람(眞人) 이야기

자기 바로보기 · 지금 잘살기

김인강의 **참 사람**(眞人) 이야기

발행일	2017년 5월 31일		

저자	도전 김 인 강	편저자	백송 김 태 은
펴낸이	손 형 국		
펴낸곳	(주)북랩		
편집인	선일영	편집	이종무, 권혁신, 송재병, 최예은
디자인	이현수, 이정아, 김민하, 한수희	제작	박기성, 황동현, 구성우
마케팅	김회란, 박진관		
출판등록	2004. 12. 1(제2012-000051호)		
주소	서울시 금천구 가산디지털 1로 168, 우림라이온스밸리 B동 B113, 114호		
홈페이지	www.book.co.kr		
전화번호	(02)2026-5777	팩스	(02)2026-5747

ISBN	979-11-5987-617-2 03240(종이책) 979-11-5987-618-9 05240(전자책)

김인강의
참 사람(眞人) 이야기

자기 바로보기 · 지금 잘살기

도전 김인강(道傳 金仁剛) 지음

북랩 book Lab

참 좋은 인연으로

사람은 누구나 다 자기 자신으로부터 와서 자기 자신을 위해 살다가 또다시 자기 자신으로 돌아간다. 그래서 천상천하유아독존(天上天下唯我獨存)이요, 독생자(獨生者)다. 나의 조물주는 나 자신이요, 나의 창조주도 나 자신이다. 그래서 일체유심조(一切唯心造)인 것이다.

나의 하나님은 나의 영원한 영혼이요, 나의 부처님은 나의 지혜로운 영혼이다. 그래서 지혜로운 나의 영혼이 영생의 길인 것이다. 자기 자신을 바르게 보고 바르게 사는 지혜가 필요하다. 자기 자신의 지혜로운 영혼이 자기 자신의 본 모습이다. 지금 현재의 지혜로운 삶이 자기 자신의 참 삶이다. 지혜로움은 진실을 낳고 어리석음은 거짓을 낳기 때문이다.

지금 우리가 만나고 있는 모든 사람이 다 아주 먼 옛날에 만났던 사람들이요, 앞으로도 만나야 할 사람들이다. 그래서 지금 만나고 있는 모든 사람이 다 나의 스승이요, 참으로 고마운 사람들이다. 서로의 사이에 없어서는 살아갈 수 없는 아주 소중한 사람이 있다면 그는 참 좋은 인연이다. 상생(相生)의 선연

(善緣)인 것이다. 그러나 서로의 사이에 원수야 악수(惡獸)야 하면서, 원망과 불평이 끊임이 없다면 그는 아마도 상극의 악연일 것이다. 상생의 선연은 천당의 천사요, 상극의 악연은 지옥의 악마다.

우리의 말 속에 영혼이 담기면 참 말이 되고 영혼이 없는 말은 빈말이 된다. 참 말은 착한 마음씨를 낳고 좋은 인연을 만든다. 그러나 영혼이 없는 빈말은 거짓말을 낳고 자기 자신을 더욱더 외롭고 쓸쓸하게 만들어간다.

착하고 선한 사람의 선(善)이나 악하고 나쁜 사람의 악(惡)은 좋고 나쁨을 떠나 오직 자기 자신을 지키고 보호하기 위함일 뿐이다. 따라서 선이 더 좋고 악이 더 나쁜 것이 아니라 어떻게 살아야 더 보람 있고 어떤 선택을 하여야 더 올바르고 어떤 것을 소유하여야 더 행복한가를 깨닫는 것이 더 지혜로운 삶인 것이다. 선한 사람으로부터는 선행을 배우고 악한 사람으로부터는 자신의 악행을 고치는 지혜가 더 필요한 것이다.

서로의 사이에 영원한 세월 동안 상생의 선연으로 영생의 도반(道伴)으로 살아간다면 아마도 그는 행복할 것이다. 살 맛이 날 것이다. 서로의 사이에 사랑이 오래도록 흘러 넘칠 것이다. 끊임없이 정신을 잘 차려서 살아간다면 우리의 영혼이 아름답게 빛날 것이다. 아름다운 환생으로 영원히 잘 살 것이다.

운형수제(雲兄水弟)라 하늘의 구름은 형님이요, 땅 위의 물은 동생이라 하였는데 이 또한 영생의 도반으로 상생의 선연으로 변함없이 영원토록 형제처럼 잘 살으라는 말이다.

하늘의 구름은 날이 가고 달이 가면 비가 되고 이슬이 되고 서리가 되고 눈이 되어 땅 위로 내려와서는 물이 된다. 땅 위의 물 또한 날이 가고 달이 가면 하늘의 구름이 되며 서로의 사이에 형제 간으로 영원한 세월 동안 친구가 된다.

사람들 또한 돌아가신(죽은) 부모 조상들이 또다시 태어나 자식들이 되고 자식들이 부모가 되며 영원히 살아간다.
스승과 제자 사이도 영생의 도반으로 상생의 선연으로 영원히 살아간다. 스승이 죽어서 또다시 태어나면 누구에게 道를 묻고 누구를 스승 삼을까. 아마도 자기가 잘 가르친 제자를 찾아서 또다시 스승으로 모시고 받들며 공부하리라. 제자가 스승되고 스승은 제자 되니 영생의 도반이요, 상생의 선연이 아니겠는가.

하늘은 나를 보고 햇님이 되라 하고,
구름은 나를 보고 달님이 되라 하네.
자존심 내려놓고 체면도 벗어놓고,
밤하늘 별님으로 빛나게 살라 하네.
햇님은 아버지로 달님은 어머니로,
상생의 선연으로 영생을 살라 하네.
구름은 형님으로 빗물은 동생으로,

형제가 되라 하네 친구로 살라 하네.

스승은 제자 되고 제자는 스승 되어,
영생의 도반으로 상생의 선연으로,
큰 道를 깨치라네. 큰 道人이 되라 하네.

태중호흡 숨공부로 영혼을 빛내라네.
아름답게 가꾸라네.
태중호흡 참공부로 영생을 빛내라네.
영원토록 닦으라네.
영혼의 숨결로 영원히 살라하네.
신선(神仙)이 되라 하네.
빛나는 영혼으로 행복하게 살라 하네.
영생을 살라 하네.

참 나 드러나면 밝음의 지혜 나타나고,
참마음 밝혀지면 아름다운 영혼으로 빛이 난다.
양심이 살아나면 행복이 자라나고,
진실이 주인되면 아름다운 사람된다.

2017. 4. 25
道傳 金 仁 剛 合掌 

차례

제3부 천부경 이야기

제4부 천지창조 이야기

제5부 선도(仙道) 이야기

맺음말

부록

제1장
사람과 하늘 이야기

1 — 우리의 육장육부는 하늘이다

사람이 곧 하늘이다. 자기자신(自己自神) 섬기기를 하늘같이 하면, 누구나 다 하늘사람이 된다. 참사람이 되는 것이다. 착한 마음씨로, 착하게 잘 살면, 누구에게나 환영을 받는다. 좋은 이웃이 되는 것이다.

하늘은 어디에 있을까. 눈앞에 공기가 하늘이요, 코 밑에 산소가, 하늘이다. 땅은 어디에 있을까. 눈앞에 산이 땅이요, 발아래 흙먼지가 땅이다. 그렇다면 무엇이 사람일까. 사람은 땅 위의 동물이요, 하늘의 산소로 살고, 땅의 물과 먹거리로 살아간다. 때문에 사람이 곧 하늘이요, 하늘 사람인 것이다. 우리의 육장육부도 역시 하늘이요 땅인 것이다. 그래서 우리의 육장육부를 알면, 하늘도 알고, 땅도 알고, 해와 달과 별들도 알고, 참나도 알 수 있다. 하늘과 땅과 사람과 세상만물이 다, 하나인 것이다.

사람은 산소 없으면 못 살고, 물 없으면 못 살고, 먹거리 없으면 못 산다. 사람은 누구나 다 건강한 몸과 지혜로운 마음과 아름다운 영혼으로 우주 안에서 자연과 더불어 함께 살아간다. 그래서 사람이 곧 하늘이요, 우주요, 자연이다. 사람은 누구나 다 자연 속에서 자연스럽게 건강하게 즐겁게 잘 사는 것이 가장 잘 사는 삶이 된다. 사람은 누구나 다 자연 속에서 태어나고 늙고 병들고 죽고 또다시 태어나고 하면서 영원히 살아간다. 따라서 지금 현재 살아있음을 잘 즐기는 것이 가장 잘 사는 것이다. 지금 현재 살아있음에 감사할 줄 알아야 참으로 잘 사는 삶이 된다.

우주란 태양^(태양계)이요, 해와 달^(음양)이요, 낮과 밤^(밝음과 어둠)이요, 해와 달과 별들과 은하수^(일월성신)요, 해와 달과 화성과 수성과 목성과 금성과 토성^(음양오행=일주일)이요, 하늘과 땅과 사람인 천지인^(天地人)인 것이다.
자연이란 태양을 중심점으로 한 일월성신^(日月星辰)의 변화에 따라 낮과 밤이 되고 밝음과 어둠과 따뜻함과 차가움이 되고 동서남북이 되고 풍운우로상설이 되고 춘하추동이 된다. 이러한 변화 속에서 지구마을에 살고 있는 만물의 생로병사와 함께 우리 인간들도 자연의 품안에서 함께 살아간다.

우리 몸과 마음인 심신작용^(心身作用=六根作用)도 우주의 변화에 따라 자연 속에서 함께 이루어진다. 그래서 사람이 곧 하늘이요, 우주요, 자연인 것이다. 그래서 내 몸이 바로 자연이요, 하늘이요, 우주 속의 한 존재인 것이다. 우리는 우주와 자연을 떠나서는 한순간도 살 수가 없다. 자연 속에서 자연을 숨쉬고 자연을 먹고 하면서 함께 살아가는 것이다.

우주인 음양오행과 일주일과 우리의 육장육부는 하나요, 한몸인 것이다. 일요일(日:일)의 태양은 하루 24시간인 낮과 밤이요, 하루다.

월요일(月:월)의 달은 월요일의 밤이요, 음경락인 심포경의 마음이며, 월요일의 낮은 양경락인 삼초경인 것이다. 화요일(火:화)의 화성은 화요일의 밤이요, 음경락인 심장이며, 화요일의 낮은 양경락인 소장경인 것이다. 수요일(水:수)의 수성은 수요일의 밤이요, 음경락인 신장이며, 수요일의 낮은 양경락인 방광경인 것이다. 목요일(木:목)의 목성은 목요일의 밤이요, 음경락인 간경이며, 목요일의 낮은 양경락인 담경인 것이다. 금요일(金:금)의 금성은 금요일의 밤이요, 음경락인 폐경이며, 금요일의 낮은 양경락인 대장경인 것이다. 토요일(土:토)의 토성은, 토요일의 밤이요, 음경락인 췌장경이며, 토요일의 낮은 양경락인 위장인 것이다.

우리의 육장육부(오장육부)가 하루 24시간 동안 각기 자신의 역할을 충실하게 잘해 주어야 건강하고 행복하게 잘 살 수가 있다. 우리의 육장육부가 제각기 서로 서로 제자리에서 조화롭게 자기의 역할을 충실히 잘 하고 있어야 자기의 몸을 자기의 마음대로 사용할 수가 있다.

우리의 허파인 폐는 오전 3시 30분에서 5시 30분 사이에 잠에서 깨어나 새롭게 산소 활동을 시작한다(인시:호랑이는 동이 트면 먹이를 찾고). 우리의 대장은 5시 30분에서 7시 30분 사이에 배변(똥) 활동을 활발히 시작하고(묘시:토끼는 해가 뜨면 물을 먹고:정동쪽), 우리의 위는 7시 30분에서 9시 30분 사이에 활발히 활동을 하도록 아침을 반드시 먹어야 한다(진시:용이란 시장끼를 느끼면 밥을 먹고). 우리가 용(힘=기=에너지)을 쓰려면 반드시 먹어야 하기 때문에 밥과 음식이 바로 용인 것이다. 용(龍)이란 상상의 동물이 아니라 힘이요, 시장기(氣:기)인 것이다. 우리가 먹는 모든 음식이 다, 용인 것이다. 그래서 밥이 용인 것이다.

우리의 췌장은 9시 30분에서 11시 30분 사이에 소화 액등이 분비되어 소화에 도움을 준다(사시:뱀은 먹이를 먹은 후 또아리를 틀어 햇볕을 받아 소화를 시키고). 우리의 심장은 11시 30분에서 1시 30분 사이에 아침에 먹은 음식물에서 각종 영양분을 충분히 흡수할 수 있도록 혈액 순환이 활발히 이루어진다(오시:말은 습기가 사라진 풀을 뜯고:정남쪽). 소장은 1시 30분에서 3시 30분 사이에 각종 영양분들을 소화 흡수하여 온몸으로 공급해 준다(미시:양은 마른 잎에 가까운 먹이를 먹고). 방광은 3시 30분에서 5시 30분 사이에 우리 몸속 수분 중에서 더러워진 노폐물들을 소변을 통해 몸 밖으로 내보낸다(신시:원숭이는 과일이 가장 맛있을 때 먹고).

신장은 5시 30분에서 7시 30분 사이에 맑고 깨끗한 물로 걸러서 정화시킨다(유시:닭은 해가 지면 바로 둥지를 찾고:정서쪽). 심포경은 7시 30분에서 9시 30분 사이에 마음의 안정과 평화를 가져오도록 한다(술시:개는 후각과 청각으로 주인을 알아보고). 삼초경은 9시 30분에서 11시 30분 사이에 심신의 안정과 생활의 조화를 위해 몸과 마음과 영혼을 편안히 이완시킨다(해시:돼지는 밤늦게까지 먹이를 찾고). 담경은 11시 30분에서 1시 30분 사이에 우리 몸의 곳간인 간을 말끔히 청소한다(자시:쥐는 아주 캄캄한 밤중에 활동을 하고:정북쪽). 간경은 1시 30분에서 3시 30분 사이에 하루 동안 몸속에 쌓인 각종 독소들을 깨끗하게 정화하여 간 속에 또다시 저장을 한다(축시:소는 새벽까지 위 운동인 되새김을 하고).

이상에서와 같이 사람은 누구나 다 하루 24시간 속에서 해와 달과 별들과 지구와 세상 만물의 변화와 더불어 한 몸으로 함께 살아간다. 그래서 우리의 육장육부가 곧 하루 24시간이요, 일주일이요, 지구의 변화요, 우주의 변화요, 만물의 변화요, 자연의 변화인 것이다. 그러므로 하루가 우주요, 낮과 밤이요, 우리들 육장육부의 작용인 것이다. 우리의 몸이 바로 음양오행이요, 소우주인 것이다. 자연 속에서 자연과 더불어 자연을 함께 숨쉬며 살아가는 것이다.

나의 영혼을 중심으로 나의 육장육부와 지구와 세상 만물과 우주는 하나다. 우주와 자연과 나는 한마음이요, 한 몸이요, 한 삶이다. 나의 육장육부는 하늘인 것이다.
우리의 몸을 구성하고 있는 원소들은 지구를 구성하고 있는 원소들과 세상 만물을 구성하고 있는 원소들과 우주를 구성하고 있는 원소들과 하나요, 똑같은 물질들이다. 그래서 우리의 몸과 마음과 생활은 우주의 변화 속에서 자연과 더불어서 함께 숨쉬며 함께 살아가는 것이다.

우리의 몸과 마음인 육장육부는 대부분 우리 몸 밖의 환경인 자연의 변화와 더불어 어머니의 자궁 속에서 어머니와 소통을 하며 스스로 만든 것이다. 사람 씨앗인 우리의 영혼은 자신의 육신과 헤어진 후 새로운 부모를 만나 어머니의 자궁 속에서 자신의 어머니와 소통하는 가운데 자신의 몸을 새롭게 만들어가는 것이다. 임산부가 입덧을 하는 것은 어머니의 몸 속 영양소로 새로운 몸을 만들어간다는 증거요, 신 음식을 먹고 싶어하는 것은 새로운 몸을 만드는 데 신맛을 필요로 하기 때문이다. 우리의 영혼은 새로운 어머니의 자궁 속에서 맨 처음으로 심장을 만들어 새로운 생명의 불씨를 살리게 된다. 그리고 맨 마지막에 폐를 완성시켜 새롭게 태어나는 것이다. 그래서 우리들 인생의 맨 마지막 숨은 육신의 죽음이요, 전생의 나인 것이다. 그리고 우리의 맨 처음 숨은 육신의 새로운 탄생이요, 생일인 것이다.

사람들은 누구나 다 생로병사를 따라 죽었다 살았다를 반복하면서 영원히 살아간다. 영혼불멸(靈魂不滅)이요, 생사불이(生死不二)인 것이다. 선인선과(善因善果)로 오래오래 잘 살고 보면 복락(福樂)이 온다. 서로의 사이에 상생(相生)의 선연(善緣)으로 잘 살고 보면 행복해진다.

내 몸이 자연이 되면 나는 우주가 된다. 내 마음이 하늘이 되면 나는 해가 되고, 달이 되고, 별이 되고, 은하수가 되고, 밤이 되고 낮이 된다.

내가 자연 속에서 자연을 숨쉬면 나는 산소가 되고 풀이 되고 나무가 된다. 매일 매일을 나물 먹고 물 마시며, 낮과 밤을 따라 살고 보면 나는 살아있음을 즐기게 된다. 지금 현재 살아있음에 감사하게 된다.

따라서 우리가 건강하고 행복하게 잘 사는 비결은 자기자신이 원하는 음식을 자기 마음대로 마음껏 잘 먹고 잘 사는 것이 아니라, 자기 자신의 육장육부가 원하는 음식을 원하는 양만큼만 잘 먹는 것이다. 내가 내 몸을 내 마음대로 이끄는 것이 아니라, 나의 영혼이 나를 이끌고, 나의 육장육부가 나를 이끌고, 세상 만물이 다 나를 이끌고, 자연이 나를 건강하고 행복하게 이끄는 것이다.

사람이 만일 자기 자신에 갇히고, 자기 일에 갇히고, 세상 욕심에 갇히고 보면, 자기 자신의 영혼도 죽고, 자기 자신의 육장육부도 죽고, 세상도 죽고, 자연도 함께 죽는다. 자기만 옳고, 자신이 최고고, 자기가 아니면 안 된다고 외치는 사람은 이미 죽은 사람이다. 이미 사람이 아닌 것이다.

가만히 숨을 멈추고 공기 중 산소를 느껴보라. 그리고 하늘을 보라. 해와 달과 별들을 닮으라. 바람과 구름과 비와 이슬과 서리와 눈을 닮으라. 세상 만물이 함께 더불어 살아가고 있음을 배우고 닮으라. 그리고 풀과 나무와 자연과 하나가 되라. 그러면 살 길이 보일 것이다. 영생이 보일 것이다. 누구나 다 행복하게 잘 살 것이다.

우리가 알고 있는 사주(四柱)란 생년월일시(生年·月·日·時)인, 태어난 해(年)와 달(月)과 일(日)과 시(時)가 아니라 나와 나의 육장육부와 지구와 태양과의 관계를 동서남북의 방향과 시간대별(時間大別)로 글을 모르는 사람들에게 동물들의 특징과 특성을 들어 알려주었던 것이다. 결국 사주팔자(四柱八字)란 태어난 생년월일시와 태어난 해의 동물 띠에 따라 우리의 운명이 좌우되는 것이 아니라 우리의 건강과 행복은 스스로의 노력에 달려 있음을 말한 것이다.

우리의 육장육부가 우리의 운명을 좌우한다.
건강한 몸과 지혜로운 마음이 우리의 인생을 아름답게 가꾸어간다. 우리의 건강이 최고의 보배요, 재산이다. 지혜로운 마음이 아름다운 영혼을 가꾼다.

사람들은 집안 짐승들과 들짐승들, 산짐승들과 함께 더불어 살아간다. 자연이 준 먹거리들을 함께 나누며 살아간다. 우주 안에서 서로가 건강하고 행복하게 잘 살아가야 한다.
우리 스스로가 우리의 운명을 만들어가는 것이다.
해와 달과 별들과 자연과 세상 만물과 더불어 함께 만들어가는
것이다. 천상천하(天上天下)의 유아독존(唯我獨存)으로 가꾸어가는 것
이다. 자기 자신의 영혼이 주인으로 살아가는 것이다. 자기의
조물주는 자기 자신이다.

※ 육장육부의 하루일과

N
정북
북서
북동
서북
동북
정서
W
정동
E
정남
S
서남
동남
남서
남동
11:30 ~ 1:30
9:30 ~ 11:30
1:30 ~ 3:30
7:30 ~ 9:30
3:30 ~ 5:30
5:30 ~ 7:30
5:30 ~ 7:30
3:30 ~ 5:30
7:30 ~ 9:30
1:30 ~ 3:30
11:30 ~ 1:30
9:30 ~ 11:30
자시 쥐
축시 소
해시 돼지
인시 호랑이
술시 개
묘시 토끼
유시 닭
진시 용
신시 원숭이
사시 뱀
미시 양
오시 말
삼초
담
간
폐
심포
신장
대장
나
방광
위
소장
심장
췌장

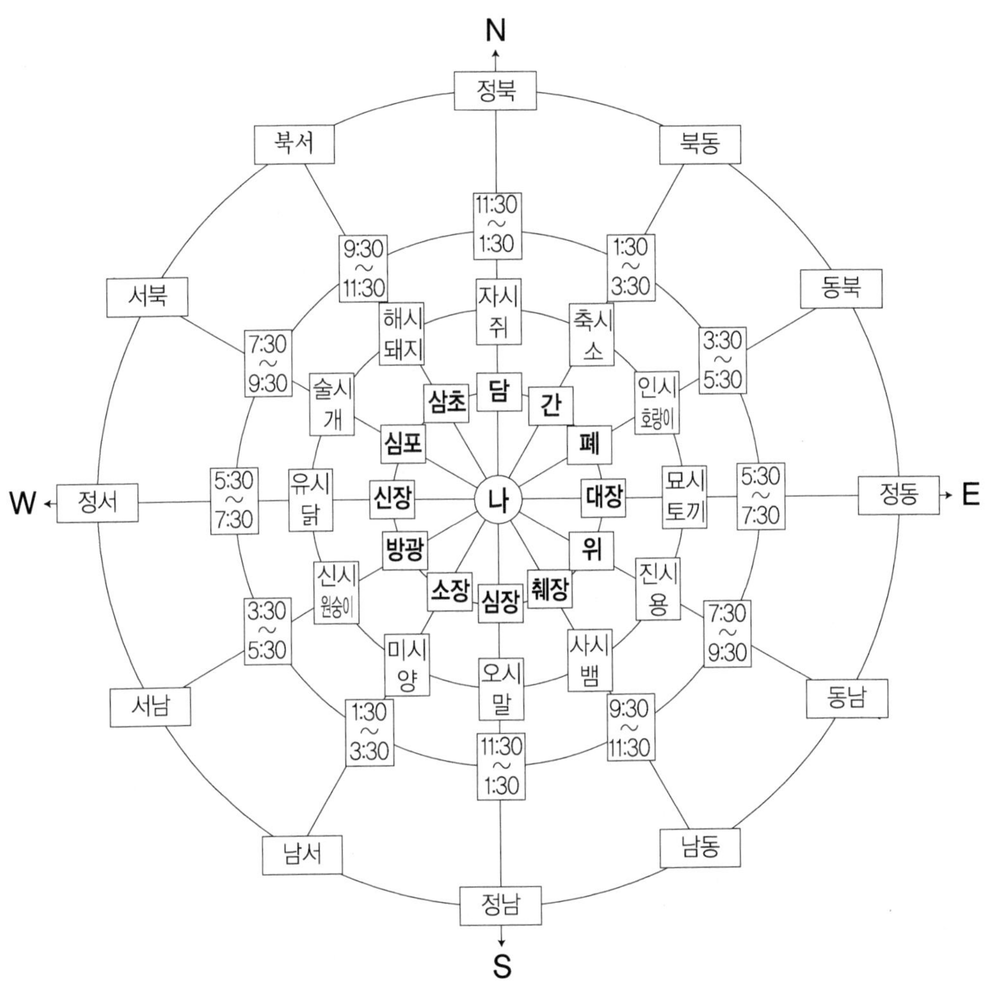

2 생사를 넘어선 새 길 새 인생

사람은 누구나 다 영혼과 육신이 한 몸 한마음이요, 몸과 마음이 하나다. 우리의 영혼은 우리의 몸과 마음인 심신작용(心身作用)을 따라 아름답게 빛나기도 하고 어리석게 어둡기도 하며, 진급하기도 하고 강급하기도 하며, 행복하기도 하고 불행하기도 하며, 착한 사람이 되기도 하고 악한 사람이 되기도 한다.

따라서 매일 매일이 새 출발이요, 매일 매일이 새 인생이다. 왜냐하면 우리의 생(生)과 사(死)가 들숨과 날숨 속에 있고, 눈을 떴다 감았다 하는 데 있고, 낮에 일하고 밤에 잠자는 데 있기 때문이다. 생사가 둘이 아니요, 생사가 하나이기 때문이다.

우리의 영혼을 씨줄 삼고 인과의 진리를 날줄 삼아서 매일 매일을 지혜롭게 잘 살고 보면 선인선과(善因善果)의 복락(福樂)을 누리게 된다. 우리의 영혼이 아름답게 빛난다. 생사를 초월(超越)하고, 생사를 해탈(解脫)한 영혼의 숨결로 살게 된다. 순간 속에서 영생을 본다. 순간 순간의 삶이 영생이 된다.

우리 영혼의 마음이 양심이다. 그러므로 양심이 살면 영혼이 빛난다. 그래서 우리가 양심적으로 잘 살게 되면 우리의 영혼을 잘 지킬 수도 있고, 우리의 영혼을 잘 가꿀 수도 있고, 우리의 영혼을 지혜롭게 잘 사용할 수도 있다. 그러나 만일 양심을 잊어버리고 그냥 막 살게 되면 넋이 나가거나 얼이 빠지거나 정신머리가 없어진다. 정신줄을 놓아버린다. 따라서 우리들 양심을 따라 복락을 누릴 수도 있고 죄고(罪苦)에 빠질 수도 있는 것이다.

영혼의 숨결을 따라, 심신작용을 따라, 생과 사를 따라, 생노병사를 따라, 잘 살 수도 있고, 잘못 살 수도 있는 것이다. 사람은 누구나 다 자기 자신의 조물주는 자기 자신이요, 자기 자신으로부터 와서, 자기 자신을 위해 살다가, 자기 자신으로 돌아간다. 그리고 또다시 새 부모를 만나서 새롭게 태어난다. 죽었다 살았다 하면서 영원히 살아가는 것이다.

인간의 죽음은 인생의 마지막이요, 끝이 아니라 우리의 영혼이 결실을 맺는 것이요, 새로운 인생의 출발점이다. 그래서 목숨의 멈춤이요, 목숨의 숨김이요, 자기 자신의 숨음(=죽음)이다.

죽음이란 참 좋은 길이요, 참으로 좋은 목표다. 죽음은 새 부모를 만나는 길이요, 새 가족을 맞이하는 길이다.

죽음이란 새 몸과 새 얼굴을 바꾸는 길이요, 남녀의 성별도 바꿀 수 있고, 성씨와 이름도 바꿀 수 있고, 고향과 인생길도 새롭게 바꿀 수 있는 길이다. 죽음이란 생사를 넘어선 새 길이요, 새롭게 출발하는 인생길이다.

죽음이란 헌 몸을 버리고 새 몸으로 바꾸는 과정이요, 고장난 오장육부를 새것으로 교체하는 길이요, 원하는 바 새 인생을 새롭게 출발하는 길이다. 죽음이란 참 좋은 길이요, 인생살이에 있어 참 좋은 목표요, 참으로 아름다운 변화의 길이다.

낮과 밤을 합하여 하루라 하듯 생과 사를 합하여 인생이라 한다. 그래서 생로병사를 사랑하면 행복한 인생이 된다. 아름다운 꿈이 된다. 영생의 길이 열리게 된다. 영천영지(永天永地) 영보영생(永保永生)한다. 영혼불멸(靈魂不滅)이 된다.

사람은 누구나 다 잘 태어나서 잘 살다가 잘 죽어야 또다시 잘 나서 잘 살 수가 있다. 반가운 친구를 맞이하듯 죽음을 잘 맞이해야 잘 가서 잘 올 수 있다. 생로병사가 다 반가운 친구들이다.

삶과 죽음은 둘이 아니다. 삶은 목숨의 나요, 죽음은 영혼의 나다. 삶과 죽음은 아름다운 변화다. 삶과 죽음이 인생이다. 우리의 영혼은 잠을 잤다 깨었다하면서 영원히 살아간다. 잘 살아야 잘 죽을 수 있고 잘 죽어서 잘 가야 또다시 잘 올 수 있다.

인생은 긴 여행 길이다.

우리가 죽음을 맞이하여 목숨과 영혼이 분리되고 나면 우리의 영혼은 또다시 새로운 부모를 만나 새롭게 또다시 태어난다. 혼불을 밝게 밝혀서 새 부모를 찾는다. 그러나 만약에 혼불이 없게 되면 부모를 찾기가 힘이 든다. 사람으로 또다시 태어날 수가 없게도 된다. 영혼으로 오래도록 헤매이기도 한다. 사람으로 태어날 기약이 없기도 한다. 그래서 귀신(鬼神)이라고 하는 것이다.

지난 세상의 모든 삶은 그대로 또다시 새롭게 시작한다. 우리의 삶은 영원하다. 최후의 한 생각이 최초의 삶으로 바로 이어진다. 그래서 잘 살다가 잘 죽는 사람이라야 또다시 잘 태어나서 잘 살게 된다. 건강한 몸과 지혜로운 마음으로 행복하게 잘 살다 잘 죽어야 오래도록 잘 살 수 있다.

전생의 나와 금생의 나와 내생의 나는 하나의 영혼이다. 영원히 사는 것이다. 다만 죽었다 살았다 할 뿐이다. 생로병사를 따라 영원히 살아간다.

죽은 후 나의 영혼에 또다시 새 생명의 숨결을 불어넣어 주신 분이 바로 나의 아버지이기 때문에 아버지의 숨이 바로 자식(子息)인 것이다. 그래서 아버지들은 내 자식이라 하고, 어머니들은 내 새끼라 하는 것이다. 그러므로 순간순간을 지혜롭게 잘 사는 것이 참으로 잘 사는 삶이요, 매일 매일을 충실하게 잘 사는 것이 가장 잘 사는 인생이 된다.

순간 순간의 삶이 영생으로 이어진다. 매일 매일의 삶이 영생의 밑거름이 된다. 불생불멸의 영혼인 것이다. 선인선과의 복락을 누리게 된다.

목숨의 나는 내가 주인이다. 그래서 영혼의 나는 잠을 잔다. 살아 숨쉬는 동안 영혼이 깨어 있으면 사람 씨앗인 영혼이 부실해진다. 헛 인생이 되어 버린다. 빈 껍질이 되고 만다. 강급이 되기도 하고 자기 존재가 소멸되기도 한다.

목숨이 숨진 나는 영혼이 주인이다. 영혼이 혼불로 깨어 있다. 새로운 몸을 잘 받기 위해 목숨의 나(육체)는 자연의 품안으로 돌아간다. 영원히 사라져 버린다. 한 줌의 흙으로 돌아간다.

살아있음의 나(영혼)는 영원하다. 숨을 쉬었다 멈추었다 할 뿐 영생(永生)을 한다. 목숨이 숨 쉴 때는 영혼이 잠을 자고 목숨의 숨이 숨을(죽을) 때에는 또다시 깨어난다. 잘 자고 잘 깨어나야 참으로 잘 사는 것이다.

우리가 잠을 잘 때에는 숨을 쉬며 잠을 자고 있으나 숨 쉬고 있음을 잊고 잠을 잔다. 잠에서 깨어나면 또다시 세상과 함께 숨을 쉰다. 산소로 더불어 함께 살아 간다. 그래서 살아 있음의 나는 영원하다. 순간 속에서 영생을 살고 순간 순간의 삶이 영생으로 이어진다. 불생불멸의 영혼으로 영생을 하는 것이다.

나의 배꼽은 내 영혼의 안식처다. 내가 태어나는 순간 나의 배꼽에 의지하여 잠만을 잔다. 자그마치 18시간 동안이나 잠을 잔다. 나의 목숨이 다하는 순간까지 잠을 잔다. 명문혈에 뿌리를 내릴 때까지 잠을 잔다. 어머니의 태중에서는 탯줄^(신궐=배꼽)이 중심점이 되지만 태어난 후에는 명문혈^(허리)이 중심점이 되기 때문이다.

나는 나의 목숨이 끊어지는 순간 나의 영혼은 또다시 혼불을 밝혀 새로운 부모를 찾게 된다. 혹은 진급의 길로 혹은 강급의 길로 혹은 은혜의 길로 혹은 해독의 길로 들어서게 된다. 나는 나의 어머니와 아버지와 나의 영혼이 서로 만나서 숨쉬는 나로 새롭게 출발을 한다. 나의 영혼은 아버지의 정자와 어머니의 난자가 서로 만나는 순간에 나타나는 빛을 따라서 새 생명으로 새롭게 태어난다. 따라서 어머니의 임신이 환생인 것이다.

나의 영혼은 어머니와 함께 10개월 동안 나의 오장육부를 새롭게 다시 만든다. 그래서 어머니의 마음가짐과 섭생^(음식섭취)이 매우 중요할 뿐 아니라 태어난 후 일생을 좌우한다. 나는 나의 새 몸이 완성이 되면 나의 생일을 맞이하여 새로 태어난다. 새 몸, 새 부모, 새 가족, 새 이름으로 새롭게 태어난다.

내가 세상 밖으로 나오는 순간 나의 오장육부는 완성이 된다. 어머니의 자궁문을 나서는 순간에 폐가 맨 마지막으로 완성이 된다. 그래서 맨 처음 숨이 태어남이요, 나의 생일인 것이다. 또한 그 순간 나의 영혼은 나의 배꼽에 남아서 잠을 청한다. 새로운 인생을 새롭게 출발할 때 나의 영혼은 편안한 안식처에 머물게 된다. 갓난 아이들이 잠을 많이 자는 것은 자신의 영혼을 잠재우기 위함이다. 목숨이 다하는 순간까지 명문혈에서, 잠을 자야 하기 때문이다. 살아있음의 나로 영식(靈識)으로 존재하는 것이다.

나의 오장육부가 수명을 다하여 숨을 멈추게 되면 나의 영혼은 잠에서 깨어나 혼불을 밝혀 영문(명문혈)을 통하여 송장(시체)이 된 몸속에서 빠져 나온다. 새 부모를 찾아 또다시 새로운 인생을 시작한다. 따라서 맨 마지막 숨이 나의 죽음이요, 제사날인 것이다. 나는 나의 생로병사를 따라 영원히 살아간다. 생로병사와 흥망성쇠를 따라 영생을 한다.

생사불이(生死不二)요, 영혼불멸(靈魂不滅)이라. 착한 마음으로 착하게 잘 살고 보면 복락이 충만하리. 태어났으되 태어난 바가 없고, 죽었으되 죽은 바가 없이 살아있음의 영혼으로 영생을 살아가리. 세세생생(世世生生) 거래간(去來間)에 상생의 선연으로 영생의 도반(道伴)으로 진급하고 진급하리, 영생을 잘 살리. 빛나는 영혼으로 길이 길이 행복하리.

영원한 세월 동안 건강한 몸으로 지혜로운 마음으로 아름다운
영혼으로 영원히 빛나리. 영혼의 숨결로 영생을 빛내리.

3 태어남에서 죽음까지

사람 씨앗(氏=씨)인 우리의 영혼은 어머니의 뱃속에서 10개월 동안에 새로운 몸을 새롭게 만들어 태어나면서부터 죽음에 이르기까지 새로운 인생을 새롭게 살아간다.

사람은 탄생 후 1년 동안(0~1세)을 어머니의 품안에서 젖을 먹고 자라는 경험을 통해 서로의 신뢰감이 싹트게 된다. 이 신뢰감은 후일에 어머니와 아버지와 할아버지, 할머니, 형제자매, 기타 모든 사람과의 관계를 형성해가는 초석이 되므로 매우 중요하다.

1~3세 사이에는 아기가 먹고 싶을 때 먹고, 싸고 싶을 때 싸고, 자고 싶을 때 잘 수 있는 환경에서 자라면 자율감이 조성되고 큰 뒤에도 스스로의 일을 스스로 알아서 처리하는 사람이 된다. 어른의 강요에 적응하며 자라게 되면 의존적이면서도 수치심이 짙은 사람으로 자라기가 쉽다.

아이가 서너 살이 되면^(3~6세 사이에는) 자기가 여자인지 남자인지를 확실히 알게 되고 아버지 하고 같은지, 어머니 하고 같은지도 구분하여 알게 된다. 남아는 아버지를 흉내내고, 여아는 어머니를 흉내내며 노는 사이에 자연스럽게 자기가 장차 맡을 역할을 습득하게 되는 것이다.

초등학교^(6~12세 사이에는)시기에는, 배우는 것과 할 수 있는 일의 폭이 매우 늘어난다. 읽기, 쓰기, 셈하기부터 자전거 타기, 스케이트 타기, 수영, 피아노, 노래, 춤 등 각종 기구에 이르기까지 가르치기만 하면 못할 일이 없다. 이 폭넓은 배움을 통해서 성취감을 느끼고 차츰 어른이 되어가는 기쁨을 느낀다. 잘 배우고 잘 가르치는 분위기는 크나큰 긍정의 힘이 된다.

어릴 때에는^(12~18세 사이) 동성의 부모와 동일시하였으나 중고생때는 처음에는 동성 친구에게, 나중에는 이성 친구에게 동일시감을 느낀다. 자기와 똑같은 감정을 가진 사람, 똑같은 취미를 가진 사람, 말이 통하는 상대를 찾기 위해 은근히 노력하는 시기이다. 현존 인물이 아닌 위인들과도 동일시가 성립된다. 이때 다양하고 폭넓은 경험은 나중에 큰 자산이 된다.

18~25세 사이에는 자기와 성향이 비슷한 어느 특정한 인물에게 짙은 친밀감을 느낄 수 있는 시기이다. 그 농도는 부모형제에 대하여 느끼던 것을 능가할 수도 있다. 이것은 새로운 가정^(결혼)을 탄생시키기 위한 설계일 수도 있으므로 아주 소중히 여

겨져야 한다.

가정을 이룩하고 부모가 되면^(25~40세 사이에는) 다음 세대를 위한 희생적 생활이 시작된다. 희생을 희생인지 모르고 달게 받는 점에 부모감의 묘미가 있기도 하지만 이렇게 가꾸어진 희생정신을 바탕으로 이웃과 사회에 봉사하며 살아간다.

사람의 나이 40세 이후에는 인생을 종합하고 정리하면서 죽음의 보따리를 쌀 준비를 해야 한다. 40살까지의 생산적이고 희생적인 인생을 종합해 보고 정리하며 더욱 성숙한 자아실현의 단계에 접어드는 시기이자 죽음의 보따리를 싸기 시작해야 한다.

사람의 나이 60살 이후에는 생사를 초월한 생사윤회의 길을 확실하게 터득하여 일생을 잘 마무리하는 지혜를 발휘해야 한다. 잘 사는 사람이라야 잘 죽고, 잘 죽어야 또다시 잘 태어나서 잘 살 수 있다는 믿음으로 생노병사를 사랑할 줄 알아서 영생의 길을 스스로 개척해 가야 하는 것이다. 생사윤회와 삼세인과를 깨치면 순간 속에서 영생을 살고 순간 순간의 삶이 쌓이고 쌓여 영생이 됨을 알게 된다.

다음 생^(내생:來生)의 인생 목표를 잘 실현할 수 있도록 미리 미리 준비를 잘하며 살아야 한다. 영생을 잘 살 목적을 세워서 영혼의 불길^(혼불)이 꺼지지 않도록 한다. 그리고 인생살이에 있어서 어떠한 어려움이 닥쳐온다 할지라도 슬기롭게 잘 대처하고 언제나 최선을 다 할 줄 아는 지혜와 신념을 기른다.

생사를 초월하고 생사를 해탈하여 생로병사의 변화를 따라서 영원히 잘 살 각오를 철저히 해야 하는 것이다. 아름다운 환생을 위해서 선인선과와 상생의 선연으로 살아가야 한다.

다생겁래(多生劫來)로 입은 부모님의 은혜 중에서도 어머님의 뱃속에서의 10개월 동안이 제일 크고 소중하다고 한다. 그래서 십종은(十種恩)이라고 한다. 어머니 뱃속에서 보호받은 십종은을 말하는 것이다. 어머니와 아버지와 영혼이 서로 만나서 어머니의 자궁 속에 이르게 되면 영혼이 주인이 되어 새로운 오장육부를 만들어 가게 된다.

첫째 달은 마치 풀 끝에 맺힌 아침 이슬방울이 낮이 되면 없어지듯이 새벽에는 피가 자신의 영혼을 중심으로 모였다가 오후에는 흩어져 버리나니라.

둘째 달은 잘 끓인 우유죽이 한방울 떨어진 것 같나니라. 특특한 죽 한 방울 같다는 것이다.

셋째 달은 흡사 엉킨 피와 같다. 영혼을 중심으로 핏덩어리가 형성되는 것이다.

넷째 달은 점점 사람의 모양을 이루어가는데 이때부터 태교가 필요하다고 한다.

다섯째 달은 어머니 뱃속에서 다섯 부분인 머리, 두 팔꿈치, 두 무릎까지 5포가 생긴다.

여섯째 달은 여섯 정기가 열리나니, 눈, 코, 귀, 혀, 몸, 마음 등이 생긴다. 육식(六識)인 색성향미촉법(色聲香味觸法)의 식(識)이 형성된다.

일곱째 달은 300(270)여 개의 뼈마디와 팔만사천 털구멍이 생긴다.

여덟째 달은 뜻과 지혜가 생기고 아홉 구멍이 생긴다. 뇌의 구조와 오장육부가 완성되어간다.

아홉째 달은 아기가 어머니 뱃속에서 먹기를 시작한다. 태어날 준비를 하는 것이다.

열달 째는 효도하는 아이는(착한 사람이면) 두 손을 모으고(스스로) 순산을 하며, 불효하는 아이는 태를 깨거나(양수가 깨지거나), 거꾸로 발부터 나오거나, 배를 가르거나 하여(제왕절개), 어머니의 가슴을 아프게 한다.

항상 상생의 선연으로 부모와 자녀가 서로 만나서 향상과 진급의 길로 나아가고 서로의 영혼을 더욱 더 아름답게 가꾸는 삶이 되어야 서로가 영원히 행복할 것이다. 영생의 도반으로 이어진다.

요즘 머리 좋은 아이를 낳기 위한 태교법으로 태중호흡과 요가가 널리 보급되고 있다. 태중호흡은 태아의 뇌가 세포 분열을 하고 있을 때 많은 양의 산소를 공급하기 위한 최고의 호흡법이다. 산소는 두뇌의 발달과 발육을 도와주며 실제로 산소는 태아의 뇌 발육에 중요한 요소로서 산소 결핍시 뇌성마비나 정신발달지체 등 선천성 이상이 생기기도 한다. 따라서 흉식호흡^(가슴호흡)이나 복식호흡^(배호흡)보다는 석문호흡^(배꼽아래)과 태중호흡^(명문호흡)을 권하고 있다.

임산부는 보통 어깨로 얕은 숨을 쉬게 되는데 이것만으로는 충분한 산소가 공급될 수 없다. 임산부가 어깨로 숨을 쉬면 허파^(폐)가 활짝 펴지지 않기 때문에 당연히 충분한 산소를 공급할 수가 없다. 임산부들은 누구나 다 태어날 아이가 건강하고 똑똑하기를 원한다. 건강하고 머리가 좋은 아이들은 태중에서부터 뇌 발육이 왕성해야 하고 오장육부가 튼튼해야 한다.

산모들은 산소 공급을 위한 산소 호흡과 적절한 영양 섭취와

건전하고 올바른 마음가짐에 따라 아이들의 지능과 건강이 크게 좌우된다는 것을 알아야 한다. 산소는 생명이요, 목숨이다. 따라서 충분한 산소 공급을 위한 체계적인 숨 공부는 건강하고 튼튼한 아이를 만드는 데 중요한 역할을 할 뿐만 아니라, 태아의 두뇌와 성장 발달에 많은 영향을 주기 때문에 반드시 필요한 일이다.

어머니 뱃속에서의 10개월 동안의 교육이 태어난 후 유능한 스승으로부터 10년 교육을 받는 것보다 훨씬 효과적이라고 한다. 그러므로 태교는 아무리 강조해도 지나치지 않다. 태아들은 영혼이 주인이다. 영혼의 숨결로 새 몸을 만들고 새로운 인생을 살아간다. 따라서 어머니의 태교는 매우 중요하다고 하겠다.

5 영혼의 환생은 참 아름답다

영혼은 사람의 씨앗이다. 우리의 영혼은 불로장생으로 영원히 살아간다. 선인선과로 복락을 누리거나 악인악과로 죄고에 빠지기도 하면서 영원히 살아간다. 생로병사를 따라 죽었다 살았다를 반복하면서 영원히 살아간다. 흥망성쇠를 따라 성공하기도 하고 실패하기도 하면서 영원히 살아가는 것이다.

사람이 죽지도 늙지도 않고 오래 오래 산다는 것은 우리 모두의 꿈이자 바람이다. 그러나 그런 경우는 지금까지 본 적도 들은 적도 없다. 그렇다면 불로장생한다는 것은 무엇을 의미할까.

불로(不老)란 우리 영혼을 말한다. 우리 영혼은 생로병사를 따라 죽었다 살았다 하면서 영원히 살아간다. 우리의 영혼은 생과 사를 초월하여 영생을 하는 것이다. 장생(長生)이란 인간의 영생(永生)을 의미한다. 삼세(三世)의 인과를 따라 우리의 생과 사가 끊임없이 돌고 돈다는 생사윤회(生死輪廻)를 말하는 것이다. 우리의 영혼은 늙지도 죽지도 않고 영원하며 영생을 한다. 환생을 거듭하면서 영원히 살아가는 것이다.

불로장생이란 영혼불멸(靈魂不滅)을 의미한다. 불생불멸(不生不滅)의 이치를 말한 것이다. 일시무시일(一始無始一) 일종무종일(一終無終一)의 이치와도 일맥상통하는 말이다. 불생불멸의 영혼으로 영원히 살아가는 것이다. 영생을 하는 것이다. 선인선과의 복락으로, 오래도록 건강하고 지혜롭고 행복하게 잘 살으라는 말이다.

그렇다면 불로초(不老草)란 무엇을 의미할까. 불로초란 선경(仙境)에 있는 신통한 효험이 있는 약이란 말이다. 불로초를 먹으면 늙지도 않고 오래도록 산다는 풀을 말한다. 과연 이러한 풀(음식)이 이 지구상에 있는 걸까.

불로초란 우리 영혼의 음식이요, 우리 영혼에게 꼭 필요한 약초로 영생을 의미하고 있다. 우리가 영생의 이치를 깨치면 자기 구원을 마치는 것이다. 우리의 영혼은 입으로도 먹을 수 없고 코로도 먹을 수 없다. 왜냐하면 육신이 없기 때문이다. 그렇다면 어떤 음식이 있을까. 그것은 다름 아닌 다시 태어나는 것이다. 불로초란 결국 영생(永生)이요, 환생(還生)이요, 재림(再臨)이요, 부활(復活)인 것이다. 불로초란 먹는 음식이 아니라 영생하는 것이요, 구하는 것이 아니라 영생의 길을 깨치는 것이다. 사람이 환생을 하려면 삼세의 인과를 깨쳐야 하고 생사윤회를 믿어야 한다. 사람이 죽어서 다시 태어나려면 아버지의 정자와 어머니의 난자와 사람의 영혼이 만나야 한다. 삼신(三神)이 만나야 하는 것이다. 그래야 영생으로 이어지고 환생이 있고, 재림이 있고, 부활이 있고, 불로장생이 있는 것이다. 불로초란 아름다운 영혼이요, 아름다운 환생이다.

우리 영혼에 있어서 새로운 탄생은 새 생명을 얻는 것이다. 따라서 우리 영혼의 음식은 다름 아닌 산소(O₂)로 새로운 목숨을 의미한다. 어머니의 임신(잉태)을 말하는 것이다.

아버지의 정자(精子=精蟲-정충)는 엄밀히 말하자면 액체 산소인 것이다. 그러므로 아버지들은 자기 자식들을 자식(子息)이라 하는 것이다. 자식이란 정자의 숨(산소)이요, 아버지의 숨이기 때문이다. 우리의 새로운 탄생은 남자인 아버지와 여자인 어머니와 죽은 사람의 영혼이 한자리에서 동시에 만나야 이루어진다. 우리 인간은 그냥 아무렇게나 다시 태어나는 것이 아니다.

목숨이 없는 우리의 영혼은 아버지와 어머니가 서로 만나서 새로운 아버지로부터 목숨의 산소를 건네 받아야만 새로운 목숨으로 또다시 새로운 삶을 시작하게 되는 것이다. 새로운 생명으로 새롭게 다시 태어난 우리의 영혼은 어머니의 자궁으로 이농하여 새로운 보금자리를 새롭게 마련한다. 어머니의 자궁에 도착한 새로운 생명은 10개월 동안을 어머니와 함께 살아가기 위해서 어머니의 자궁에 뿌리를 내리게 되는데 이 뿌리가 바로 탯줄인 것이다.

인간의 새 생명은 탯줄을 통해서 불로초를 먹으며 살아가는 것이다. 입으로 먹는 것도 아니요, 코로 먹는 것도 아닌 뿌리로 음식을 먹고 자라는 것이다. 영혼의 숨결로 살아 숨 쉬는 것이다. 결국 영혼의 숨결이란 씨앗호흡이요, 뿌리호흡이요, 태중호흡인 것이다.

우리의 영혼은 불로초를 먹으며 새로운 몸인 오장육부를 10개월 동안에 완성하는 것이다. 따라서 불로장생이란 우리의 영혼이 영생을 한다는 영혼불멸(靈魂不滅)인 것이다. 또한 불로초란 우리의 영원한 생명을 의미하는 것으로 들숨과 날숨을 따라 숨을 쉬었다 멈추었다 하면서 영생을 하는 것이고, 생로병사를 따라 죽었다 살았다하면서 영원히 살아가는 것이다.

우리가 늙지도 죽지도 않고 오래도록 잘 살려면 영생의 이치를 깨쳐서 영생을 얻으면 된다. 그리하여 매일 매일 순간 순간을 태중호흡인 영혼의 숨결로 영생을 살아가면 되는 것이다. 영혼의 마음으로 살면 된다. 양심적으로 지혜롭게 잘 살면 영생길이 열리는 것이다.

사람은 누구나 다 자기 자신으로부터 와서 자기 자신을 위해 살다가 또다시 자기 자신으로 돌아간다. 그리고 또다시 새로운 부모를 만나서 새롭게 새 몸으로 새 생명으로 태어나는 것이다. 그래서 불로장생이요, 영혼불멸이요, 불생불멸의 영혼으로 영생을 하는 것이다.

사람은 어머니의 뱃속에서 태어나는 순간 탯줄은 막히고 숨구멍과 목구멍이 열리고 또다시 산소와 음식을 동시에 먹으며 살아간다. 그리고 자기 자신의 영혼은 자기 자신의 배꼽인 신궐(神闕)에 의지하여 안식(安息)을 취하게 된다. 목숨이 다하는 순간까지 명문혈에 의지하여 잠을 자는 것이다. 영혼과 육신이 한 몸 한마음 한 삶이 되는 것이다.

막 태어난 갓난아이들은 하루에 18시간 정도를 자면서 명문단전을 만들게 된다. 이때 우리의 영혼은 허리의 명문혈로 이동하여 살아있음의 나로(영식=靈識) 살아간다. 갓난아이들이 명문혈을 중심점으로 하여 명문단전이 만들어지면 이때부터는 눈을 뜨고 보고 뒤집고 기고 서고 걸으면서 새로운 인생을 시작하는 것이다.

마치 밤나무의 뿌리에 밤나무의 씨앗(껍질)이 붙어있는 것과도 같다. 그래서 우리의 조상들은 밤나무로 조상들의 위패(位牌=神主-신주)로 만들었고 신주단지 모시듯 한 것이다. 그리고 녹차나무는 그의 열매(씨앗)가 1년 동안 자라게 되는데 자기 자신의 씨앗이 또다시 새롭게 만들어지는 것을 보고 떨어진다. 자기 자신의 꽃과 열매를 보고서야 떨어지는 것이다. 그래서 녹차나무를 영생의 나무라 하고 생과 사가 하나인 나무라 하여 불로초라고도 한다.

사람은 목숨의 숨을 쉴 때에는 영혼과 육신이 하나이나 목숨의 숨이 멈추게 되면 영혼은 자신의 몸에서 빠져나와 새로운 부모를 찾아 새롭게 또다시 태어난다. 따라서 삶과 죽음이 없고 생사불이(生死不二)로 생로병사를 변화로만 생각한 것이다. 그래서 생사불이요, 영혼불멸이요, 불로장생인 것이다. 다만 우리의 영혼과 육신이 서로가 만났다 헤어졌다를 반복하면서 살아갈 뿐이다. 환생을 거듭하면서 영원히 살아가는 것이다.

사람은 오직 자기 자신의 향상과 진급을 위해서만 살아갈 뿐이다. 사람은 영혼과 육신이 하나일 때에만 자기 자신의 씨앗을 가꿀 수 있다. 자기 자신의 영혼을 더욱 더 아름답고, 더욱 더 빛나게 하기 위해서 새 몸이 필요한 것이다. 육신이 없는 영혼만으로는 향상과 진급의 길을 걸을 수 없기 때문에 반드시 새롭게 다시 태어나야 하는 것이다. 잘 살다가 잘 죽어야 또다시 잘 태어날 수가 있다. 아름다운 환생이 이루어져야 또다시 잘 살게 되는 것이다. 그래서 영혼의 환생은 참 아름답다.

사람들은 누구나 다 오직 자기 자신을 위해 열심히 살다가 자기 자신의 영혼으로 돌아간다. 그리고 또다시 새로운 부모를 만나 새롭게 태어날 뿐이다. 그리고는 또다시 자기 자신을 위해 열심히 살아갈 뿐이다. 태중호흡으로 자기 자신의 씨앗인 영혼을 부지런히 가꾸어가는 것이다.

6 천당(天堂)은 참 좋은 곳이다

누구든지 천사처럼 착하게 살면 죽어서 천당에 간다고 한다. 그렇다면 천당이란 어떤 곳일까. 천당은 하늘 천(天) 자와 집 당(堂) 자를 쓰며 뜻 그대로 하늘나라에 있는 집이다.

하늘나라에 우주선(宇宙船, 우주 정거장) 말고 사람들이 사는 집이 있을까?

사람의 영혼을 신(神)이라 부르지 말고, 사람의 영혼이 사람의 몸을 받지 못하고 존재하는 곳을 천당이다 지옥이다 말하지 말라. 그리고 신들이 사람을 지배하고, 세상을 마음대로 할 수 있다고 현혹하지도 말라.

우리의 영혼살이에는 그 나름의 뜻이 있다. 지난 삶에 대한 반성과 대가도 치러야 하고, 새로운 인생을 설계하는 그 나름의 의미가 있는 것이다.

천당이란 시커먼 어둠의 집(玄堂 현당)으로 어머니의 자궁(子宮)을 의미한다. 우리들 태초(太初)의 집은 어머니의 자궁으로 어두운 집을 의미한다.

죽어서 지옥 가지 말고 천당 가라는 말이 아니라 살아생전(生前)에 죄고(罪苦)의 지옥생활에서 복락(福樂)의 천당 삶을 살라는 말이다.

사람이 잘 살다가 죽은 후에 다시 잘 태어나서 좋은 부모를 만나 잘 사는 것이 최고의 인생이요, 최고의 행복이며, 최고의 축복이다. 이것이 바로 천당의 삶이다.

나의 천당, 내가 바라는 천당은 여생(餘生)을 잘 사는 것이다. 죽는 순간까지 잘 살다가 잘 죽는 것이다. 그리고 또다시 좋은 부모를 만나는 것이다. 나의 불씨(영혼)를 따라 새 부모를 잘 만나는 것이다.

사람이 만일 죽은 후에 그 영혼이 한곳에 오래 머물러 있거나 사람이나 동물의 몸속에 의지해 있게 되면 다시 태어나는데 많은 어려움이 있으며 영식(靈識)이 매하여져서 진급의 길이 막히게 된다. 사람의 몸으로 다시 태어나기가 참으로 어렵고 건강한 몸으로 태어나서 바른 법(正法)을 다시 만나 잘 수행한다는 것이 참으로 어려운 일이다.

천당이란 어쩌면 지금 우리가 살고 있는 집과 직장과 세상이 아닐까? 사람들은 밤에 깊은 잠을 잘 때 자신이 살아 있음을 알지 못한다. 숨 쉬고 있음을 느끼지 못한다. 지금 나의 천당은 바로 내 몸이다. 내 몸 안의 세포 생명체들이 편안히 숨 쉬고 있는 내 몸이 바로 천당이다. 수억만 개의 세포 생명체들이 참 나요, 나의 주인들이다. 참 나가 살고 있는 내 몸이 바로 천당이다.

어머니 뱃속에서의 태아호흡은 지상낙원의 숨이요, 지상낙원에서의 천당 삶이다. 곧, 어머니의 자궁이 지상낙원이다. 지금 내가 살고 있는 집이 천당이다. 지금 현재 내가 머물고 있는 곳이 바로 천당이다. 죽어서 천당 가는 꿈을 꾸기보다는 지금 현재를 천당으로 꾸미는 것이 훨씬 더 쉽지 않을까? 지금 현재 천당 사람으로 살아가는 것이 더 시급하지 않을까?

7 영문을 알면 인생이 즐겁다

사람은 왜 사는 것일까? 사람 씨를 잘 만들어서 사람의 씨앗을 아름답게 잘 가꾸기 위해서이다.

사람은 죽어서 어디로 돌아갈까. 육신과 씨앗이 분리된 우리의 목숨(숨, 호흡)이 숨어있는 영혼으로 돌아간다.

사람 씨는 우리의 얼로 살아 숨 쉬는 나요, 목숨이요, 영식(靈識)이다. 영식이란 신령스러운 앎이요, 지혜(智慧)요, 영문(靈門)이요, 사람이 나아갈 바인 길이다.

사람의 씨앗은 육신이 사라지고 목숨이 끊어진 나요, 목숨이 숨어 있는 나로, 우리의 영혼(靈魂)을 말한다.

사람의 얼은 정신이요, 혼(魂)이요, 넋이요, 영식(靈識)이다. 사람은 얼이 빠져나가면 정신이 혼미해져서, 넋 나간 사람이 된다.

사람이 넋을 잃고 살면 혼불이 꺼지고 사람의 씨가 죽는다. 환생의 길이 막히게 된다.

사람의 씨가 영식이요, 살아 숨 쉬는 목숨이요, 참 나다. 그렇다면 무엇으로 사람의 씨를 만들고 어떻게 사람의 씨앗을 가꿀까.

명문(命門)을 통해서 영문(靈門)을 열어야 사람 씨를 만들고, 사람의 씨앗을 가꿀 수 있다.

명문은 우리 목숨의 근본 씨앗(근본뿌리)인 영혼의 출입문이다. 새 옷(새몸)을 갈아입기 위해서 들어가는 문임과 동시에 헌 옷(죽음)을 벗고 나오는 문이다. 그러므로 명문은 우리 영혼의 출입문인 영문인 것이다.

영문을 열려면 명문호흡(命門呼吸)을 해야 하고 태중호흡에 이르러야 영문이 열리고 영문을 알 수가 있다. 영문이란 까닭이요, 지혜(智慧)요, 광명(光明)이다.

사람은 영문을 모르고 태어나서 영문도 모르고 살다가 영문도 모르고 죽는다. 어떻게 살아야 하는지를 모르고 그냥 막 살게 된다. 사람이 영문을 알게 되면 왜 태어났는지를 알고 왜 사는지도 알고 왜 죽는지도 알게 된다. 어디로 돌아갈지도 안다.

인과의 이치를 깨치면 누구나 다 영문을 알 수 있다. 삼세인과(三世因果)를 깨치면 누구나 다 부처가 된다. 영혼불멸(靈魂不滅)로 영생을 하는 것이다.

사람의 씨와 목숨과 영식은 하나이다. 즉, 사람의 씨앗과 혼불과 영혼은 하나인 것이다. 영혼과 육신이 하나인 것이다.

사람의 살아있음은 목숨이요, 목숨의 숨짐(숨음)은 죽음이다. 살아있는 목숨의 나는 영식이요, 목숨이 끊어진 죽음의 나는 영혼이다.

얼이 빠지거나 넋이 나가면 혼불이 꺼지고, 사람 씨가 죽는다. 사람 씨가 죽거나 사람의 씨앗이 병들면, 우리의 영혼이 병들게 되고, 정신머리가 없어진다. 정신이 흐려지면 죽은 목숨이요, 살아도 사는 것이 아니다.

혼불이 살아야 사람 씨가 자라고, 사람의 씨가 충실해야 아름다운 영혼이 된다. 인생이란 결국 자기 자신의 씨를 더욱더 충실하고 빛나게 가꾸는 것이다.

사람의 씨는 혼불이 키우고 사람의 얼은 혼불이 빛을 내며 사람의 넋은 혼불이 지키고 사람의 정신은 혼불이 살린다.

목숨은 죽음으로, 죽음은 목숨으로, 생(生)은 사(死)로, 사는 생으로, 영식(靈識)은 영혼(靈魂)으로, 영혼은 영식으로 돌고 돌며, 끊임 없이 변화하면서 영원히 사는 것이다.

육신을 가지고 살아가는 나는 늙고 병들어서 목숨이 숨어있는 나로 죽게 되고, 목숨이 숨어 있는 나의 영혼은 또다시 태어나 서 살게 되므로 영생(永生)을 하는 것이다. 죽었다고 없어지고, 살았다고 영원히 사는 것이 아니라, 생로병사(生老病死)를 따라 끊 임없이 변화하면서 영원히 살아가는 것이다.

건강하게 태어나서 행복하게 잘 살다가 편안한 죽음을 맞는 사 람은 누구나 다 또다시 잘 태어나서 잘 살 수 있다. 영생(永生)을 하는 것이다.

그러나 만일 우리의 영혼을 아름답고 빛나게 가꾸지 않는다면 건강한 몸으로 잘 태어날 수 없으며 행복하게 살 수도 없고 편 안하게 잘 죽을 수도 없으며 또다시 잘 태어날 수도 없다.

우리의 영식인 양심이 만일 죽게 되면 영혼도 따라서 죽게 되 며 영식이 자라지 못하면 우리의 혼불이 꺼지게 된다.

혼불이 살아 있어야 사람 씨가 자라게 되며 영식이 살게 된다. 영혼이 빛나게 된다.

사람의 얼이 살아있으면, 자기 자신을 잘 지킬 수 있다. 사람의 얼은 자기 자신을 잘 이끌며 사람의 씨를 잘 자라게 한다.

우리의 몸 안에 혼불이 꺼져 있으면, 얼 빠진 사람이 된다. 넋 나간 사람이 된다. 정신없는 사람이 된다. 그리고 마침내는 씨 없는 죽은 사람이 된다.

사람이 만일 살아생전에 사람 씨를 만들지 못하거나 죽은 후에 사람 씨앗을 남기지 못한다면 이는 마치 열매 없는 꽃과도 같아서 부질없는 인생이 되어버리고 만다.

사람이 만일에 죽어서 사람 씨앗을 남기지 못한다면 혼불이 없는 영혼이 된다. 중천(中天)을 헤매는 귀신(鬼神)이 되기가 쉽다. 사람들은 혼불을 보고 신(神)이라고 하고 혼불이 없는 영혼을 보고 귀신이라 하는 것이다.

죽은 후에 남긴 씨앗이 바로 우리의 혼불(빛=혼령)이요, 영혼이요, 신명(神明)인 것이다.

사람이 만일 살아생전에 사람 씨를 만들지 못하고 사람 씨앗을 남기지 못한다면 결국에는 허망한 인생이 되어버린다. 따라서 사람의 일이란 결국 사람 씨를 만들어서 사람 씨를 충실하게 가꾸고 사람 씨앗을 남기는 것이다.

만일에 사람의 얼이 돈과 지식과 세상 욕심에 빠져 있으면, 사람의 씨앗은 죽고 만다. 사람의 혼불이 꺼지고 사람의 영혼이 사라진다.

사람은 누구나 다 사람의 씨앗을 가꾸는 농사꾼이다. 영혼을 아름답게 가꾸어가는 수행자다.

사람 씨를 가꾸는 방법이 바로 참선이요, 기도요, 명상이요, 정신 수양이다. 그러므로 정신 수양을 바탕으로 해서 돈을 벌고 지식을 쌓고 명예를 얻는다면 세상이 아름답고 행복할 것이다.

사람 씨를 가꾸고 사람 씨앗을 살리는 일이 사람의 본업이며 가장 급선무인 것이다.

살아있음의 목숨은 영식이 주인이요, 죽은 후의 목숨은 영혼이 주인이요, 숨 쉬는 나는 영식이요, 숨이 멈춘 나는 영혼인 것이다. 숨과 목숨과 영식과 영혼은 하나이다. 삶과 죽음도 하나이며 생과 사가 둘이 아니다.

사람 씨는 영식이요, 사람의 씨앗은 영혼이다. 혼불이 꺼지면 사람 씨가 자랄 수 없고, 영식이 숨쉴 수 없다. 영혼이 빛날 수가 없다.

나의 씨는 과연 잘 자라고 있는가?
나의 씨가 만일 죽어가고 있고 이미 죽었다면 어떻게 할 것인가. 한번쯤 진지하게 생각해 보아야 할 것이다.

8 나의 조물주는 나 자신이다

우리가 순간순간을 건강하게 잘 살아 있으면 우리 몸 안의 건강한 세포들이 살 길로 잘 인도해 준다. 살려는 의지와 살아남으려는 생명력이 스스로의 살 길을 잘 열어간다. 우리 몸 안에 살고 있는 건강한 세포들이 자기 자신을 바른 길로 잘 인도해 준다는 것을 명심해야 한다.

너무 잘 살려고 성급해하거나, 지나치게 욕심을 부리거나, 이상과 꿈만을 위해 달려간다거나, 살려는 의지가 흔들린다거나, 살아남으려는 생명력이 약해진다면, 외부 환경이나 외부의 그 어떤 힘에 의해 흔들리게 되고, 결국엔 생존에 위협을 받게 된다. 죽음의 길로 들어서게 되는 것이다.

자기 자신을 스스로 잘 지키고 보호해야 하며 그 누구도 자기 자신을 대신해 주거나 책임져 주지 않는다는 것을 알아야 한다.

자기 자신 외엔 그 어떤 것으로도 대신할 수가 없다.

우리 몸속 세포 하나하나의 생명력에 자기 자신의 몸과 마음을 맡기고, 숨을 잘 쉬고, 잘 먹고, 잘 싸고, 잘 자면 건강하게 잘 살 수 있다. 뜻하는 모든 소원이 원만히 잘 이루어진다. 행복이 찾아온다. 평화가 깃든다.

순간순간을 건강하게 잘 살아가는 것이 가장 아름다운 최고의 인생이 된다.

우주 안에서 자력(自力)으로 자신의 의지로만 살아가야 함을 마음 깊이 깨달아야 한다. 그래야 세상과 함께 잘 살아갈 수가 있다.

결국 내가 없는 세상은 빈 껍질에 불과하다. 우리 몸속의 건강한 세포 생명체들은 우리의 앞길에 행운(幸運)을 가져다주고 우리의 건강과 행복을 지켜준다. 하지만 우리들 몸속의 병든 세포 생명체들은 우리의 앞길에 재앙(災殃)을 불러오고 오장육부와 몸을 병들게 하여 결국엔 고통과 불행을 안겨다준다.

나의 조물주(造物主)는 나 자신이며 나의 운명도 내 스스로 만들어가는 것이다. 나를 건강하게 하는 것도 나 자신이요, 나를 병들게 하는 것도 나 자신이며, 나를 행복하게 하는 것도 나를 불행하게 하는 것도 나 자신임을 항상 명심해야 한다.

일이 잘 안 풀릴 때에는 내 안에 건강하지 않은 병든 세포들이 늘어나고 있음을 알아차려야 한다. 일이 잘 풀리고 즐거울 때에는 내 안에 건강한 세포들이 행복해서 춤추고 있어서 그렇다. 나의 조물주는 결국 나의 오장육부요, 나의 오장육부를 구성하고 있는 수억만 개의 세포 생명체들이다.

결국 건강한 오장육부가 아름다운 영혼을 가꾸고 빛나는 영혼이 건강한 몸으로 만들어가는 것이다.

9 참 나는 누구인가

나는 누구인가.
나의 무엇이 나이고 무엇이 나의 참 주인인가.

나는 누구인가. 호흡인 숨이 나요, 산소가 나요, 물이 나요, 밥^(먹거리)이 나다. 살아있음의 목숨이 나인 것이다. 그렇다면 산소는 누가 만들까. 우리 목숨인 산소는 풀과 나무들이 만든다. 탄소동화 작용^(炭素同化作用)으로 산소를 만드는 것이다.

나의 목숨은 산소뿐만이 아니라 물도 없으면 못 산다. 그렇다면 만물의 근원인 물^(水)은 누가 만들까. 하늘의 태양과 지구의 바다가 만든다. 어떻게 만들까. 태양의 열기^(火氣)가 바다에 닿으면, 바닷물^(水氣)은 수증기로 변해서 하늘로 올라간다. 우주의 수승화강^(水昇火降) 작용^(作用)이 일어나는 것이다. 그리하면 바닷물의 수증기는 구름으로 구름은 또다시 빗물이 되어 땅 위로 내려와 우리 마실 물이 되는 것이다. 우주의 수승화강으로 인하여 풍</sup>

운우로상설(風雲雨露霜雪)인 바람과 구름과 비와 이슬과 서리와 눈이 만들어지고 춘하추동(春夏秋冬)인 봄과 여름과 가을과 겨울이라고 하는 사계절(四季節)을 만들게 된다. 이러한 자연의 변화 속에서 만물의 생로병사가 이루어지면서 끊임없이 변화하는 것이다. 우리 인간은 풀과 식물들이 만들어주는 산소가 없으면 못살고 태양과 바다가 만들어주는 물이 없으면 못산다. 자연이 만들어준 먹을 양식이 없으면 못 사는 것이다. 그래서 자연은 우리 어버이요, 목숨이요, 생명이요, 삶터인 것이다. 인간은 자연과 한 몸이요, 한마음이요, 한 삶인 것이다. 결국 자연은 생산자요, 인간은 소비자인 것이다. 소비자는 늘 생산자를 귀히 여기고 감사하게 생각하며 공경할 줄 알아야 한다. 그래야 참 사람인 것이다. 만일 자연의 은혜를 모른다면 사람이라 할 수가 없는 것이다.

내가 만일 숨을 멈추면 나는 없어진다.
잠시 숨을 멈추고 나 자신을 지켜보면 그토록 잘나고 화려했던 나의 모습들이 순식간에 일그러지고 초라해진다. 점점 더 불안해지고 초조해진다. 결국 산소가 없고 숨을 멈추면 죽음인 것이다.

밥을 한 끼 정도만 굶어도 오장육부에서 난리가 난다.
온몸에 힘이 쭉 빠지고 살아갈 힘을 잃게 된다.
우리가 들이마신 산소는 우리 오장육부의 기능을 살려주고 세포의 활동이 원활하도록 도와주며 모든 질병을 사전에 예방한다. 그러므로 신선한 산소가 우리의 몸 안에 충분히 들어가면 들이마신 만큼의 이산화탄소(CO_2)와 노폐물들이 몸 밖으로 나오게 된다.

호흡은 건강 관리에 있어서 85%의 비율을 차지하고 있다. 우리가 아무리 비싸고 좋은 음식을 먹는다 하더라도 몸 안에 산소가 부족하다면 에너지(精 정)로 변화시킬 수 없게 된다. 코로 숨을 잘 쉬어야 내가 있고 오장육부가 건강하게 잘 살아 있어야 내가 잘 움직일 수가 있으며 내가 내 마음대로 잘 살아 갈 수 있다.

오장육부를 구성하고 있는 수억만 개의 세포 생명체 하나하나가 다 건강하고 튼튼하게 살아있어야 오장육부가 살고 내가 산다. 내가 보고 듣고 생각하고 말하고 하면서 살아가는 건 모두가 다 오장육부의 덕택이요, 수억만 개의 세포 생명체들 덕분이다.

그렇다면 나는 누구일까. 오장육부가 나요, 숨이 나요, 밥이 나요, 수억만 개의 세포 생명체들 하나하나가 다 나이다.

나는 내가 아니라 나의 참 주인들은 모두가 다 보이지 않는 곳에서 열심히 오장육부를 살아있게 하는 수억만 개의 세포 생명체들이다. 나는 오직 나의 오장육부가 잘 살아 있게 하는 오장육부의 충성스러운 머슴일 뿐이다. 즉, 오장육부라고 하는 각각의 생태계인 허파 생태계, 대장 생태계, 소장 생태계, 콩팥 생태계, 방광 생태계, 간 생태계, 쓸개 생태계, 위장 생태계, 심장 생태계, 췌장 생태계 등이 건강하고 튼튼하게 유지되도록 충분한 산소와 충분한 물과 충분한 영양분을 골고루 잘 공급해 주는 머슴인 것이다.

내 몸 안의 오장육부가 다 나의 주인이요, 보이지 않는 세포 생명체들 하나하나가 다 나의 주인이며 나는 오직 그들의 심부름꾼일 뿐이다. 나의 욕망과 욕심에 충실하면 할수록 나의 주인공들은 불안해하고 힘들어하며 결국 병들게 된다. 나를 주인으로 내세우면 내세울수록 나는 더 못나지고 가난해지고 연약해진다. 하지만 나를 구성하고 있는 세포 생명체들 하나하나의 욕구에 충실하고 보면 나는 더 행복해지고 만족스럽게 된다.

보이지 않는 곳에서 열심히 살아가고 있는 나의 참 주인공들이 가장 원하고 바라는 것은 뭘까? 나의 주인들이 가장 필요로 하는 것들에는 무엇이 있을까?

나의 주인공들은 돈도 명예도 지식도 권력도 원하지 않는다. 오직 산소와 물과 밥과 운동을 간절히 바라고 원할 뿐이다. 지혜로운 영혼을 위하여 열심히 살아갈 뿐이다. 나의 씨앗을 충실하게 잘 가꾸어갈 뿐인 것이다.

보이지도 않고 알아주지도 않는 곳에서 아주 열심히 살아가는 수많은 주인공을 위해 열심히 심부름을 잘하다 보면 나는 나의 주인공들로 인해 저절로 기쁨을 맛보게 된다. 평화도 찾아오고 양심도 살아나서 아주 행복해진다. 매우 만족스러운 삶을 살게 된다. 아름다운 영혼으로 가꾸어지는 것이다. 세포 생명체 하나하나와 오장육부가 나와 평등하게 하나가 되어 평화로울 때 행복이 찾아온다. 참 나를 찾게 된다.

숨을 잘 쉬고 내 안의 나를 행복하게 하려면 우선 코와 폐와 심장을 잘 알아야 한다. 코는 호흡 기관으로 숨을 들이마시고 내쉬는 첫 관문이다. 코가 나쁘면 머리가 흐려지고, 기분이 나빠진다. 코로 숨을 잘 못 쉬는 것처럼 답답하고 불편하고 고통스러운 것도 없다.

끊임없이 콧물이 흐르거나 머리가 항상 맑지 않거나 매사에 자신감이 없거나 하면 반드시 먼저 코가 막히는 병이 있는지를 확인해 봐야 한다.

코는 산소가 통과하는 첫 관문인데 폐^(허파)로 보내지는 산소는 적당한 온도^(35~40℃)와 적당한 습도^(90~100%)를 유지해야 하며 깨끗한 산소여야 한다.

코로 숨을 쉴 때 산소는 코의 내부^(네 쌍의 공기방)를 지나는 동안에 폐가 요구하는 공기^(산소)로 바뀌게 되며 코를 통과하지 않고 입으로 들이마신 공기는 폐가 요구하는 조건에 맞지 않기 때문에 여러 가지 문제를 일으킨다.

폐는 매우 약한 기관이기 때문에 조건에 맞는 산소가 유입되지 않으면 쉽게 망가질 수 있으며 폐렴을 일으키기도 하고 기관지염이나 인두염, 후두염과 같은 질병을 일으키기도 한다.

우리 몸 안에 산소가 부족하면 왠지 답답하다거나 인내력과 끈기가 떨어진다거나 성적이 오르지 않는다거나 작업 능력이 떨어진다거나 삶에 의욕이 사라지기도 한다.
사람이 코가 막혀있게 되면 코를 골게 되거나 잠들기가 어렵다거나 깊은 잠을 못 자거나 악몽에 시달리거나 입안이 건조하고 마른다거나 입맛이 없거나 하는 등의 현상이 나타난다. 또한 코가 막히면 냄새를 맡을 수 없게 되어 음식물의 맛을 알지 못하게 되고, 목소리까지 변하게 되어 콧소리를 내게 된다.

우리의 코와 폐, 심장은 서로 서로 아주 밀접한 관계에 있기 때문에 숨공부를 하는 데 있어, 그냥 지나칠 수 없는 기관들이다.

코를 통하여 들이마신 산소(O⊠)는 폐로 보내지고 폐에서 또다시 심장으로 보내지며 심장에서는 동맥을 통해 우리의 몸 구석구석에 산소를 공급한다.

반대로 우리 몸 구석구석에 쌓여 있는 노폐물과 이산화탄소(CO⊠)는 정맥을 통해 심장으로 보내지고 심장에서는 폐와 코를 통하여 몸 밖으로 내보내진다.

그러므로 우리의 코와 폐와 심장은 숨공부를 하는 데 있어서 매우 중요한 기관들이다. 숨공부는 결국 우리의 코와 폐와 심장을 먼저 건강하고 튼튼하게 하는 공부로 혈액순환을 돕고 생활에 활력을 불어넣는 공부이다.

우리의 몸에는 기도(氣道, 숨을 쉬는 통로)와 식도(食道, 밥을 먹는 통로), 곡도(穀道, 항문)가 있는데 이 길이 막히면 죽고 이 길이 더러우면 병이 들게 되며 이 길이 깨끗하면 기분이 좋아지고 이 길이 튼튼하면 건강하다. 하늘 기운을 머금은 산소는 하늘 음식이요, 땅 기운을 머금은 채소들은 땅 음식이다.

하늘 음식인 산소는 코와 폐와 심장을 통해 우리의 몸을 살리고, 땅 음식은 입과 위와 소장과 대장에 전달되어 우리의 몸을 건강하게 살찌운다.

우리의 호흡 작용과 신진대사 작용은 결국 피를 만들어 혈액순환 잘하게 하여 건강한 사람이 되게 한다.

우리의 기도는 하늘 길이며, 식도는 건강의 길이고, 곡도는 땅을 살리는 길이다. 하늘과 땅과 사람과 만물이 서로서로 하나가 되어 조화롭게 잘 살아가는 것이 사람의 길이다. 하늘과 땅과 사람과 만물이 각기 제자리에서 자신의 역할에 충실한 것이 세상의 이치다.

성자와 철인들은 왜 상(相)을 만들지 말고 착(着)을 두지 말고 욕심(欲心)을 줄이고 마음을 항상 깨끗이 비우라고 했을까? 사람이 살면서 어떠한 형상(形相)을 만들고 어떠한 욕심을 품게 되면 자연히 그것을 성취하고 실현하기 위해서 많은 시간과 정력을 소모하게 되며 깊은 시름에 빠져들게 된다. 그렇게 되면 우리의 몸속에 내재되어 있는 산소와 물과 영양분들을 필요 이상으로 더 많이 사용하게 된다. 따라서 우리의 몸을 구성하고 있는 수많은 세포 생명체가 기력을 잃을 뿐만 아니라, 오장육부도 제 기능을 다 하지 못하게 된다. 산소와 물과 영양분들이 줄어들고 고갈되어 생존에 위협을 느끼게 되며 좋은 마음과 바른 생각을 할 수가 없게 된다.

그래서 수도하는 사람들은 쓸데없는 상을 만들지 않고 필요 없는 곳에 머물거나 얽매이지 않으려 하며 지나친 욕망으로 괴로워하지 않는다. 이는 수도하는 시간을 더 많이 갖기 위해서이며 도심(道心)을 잃지 않기 위해서이다. 또한 마음을 비워서 마음이 편안해지면 적은 양의 산소와 물과 영양분만으로도 잘 살 수 있기 때문이며 가장 생산적이고 효율적으로 살아가기 위한 지혜이고 묘책(妙策)이기 때문이다.

수도하는 사람들은 어떠한 형상을 만들지도 않고 어디에도 머물러 있지 않으며 무엇에도 묶이지 않는다. 왜냐하면 참 나와

오랫동안 벗할 수 있고, 참마음과 더불어 오래도록 잘 살 수 있
다는 것을 마음속 깊이 새기고 있기 때문이다. 수도하는 사람
들은 오직 자신의 영적 성숙을 위해서만 살려고 힘쓰며 자신의
영혼을 더 밝고 더 아름답고 더 빛나게 하기 위해 노력한다.

수도인들은 영혼의 마음으로만 살 뿐이다.
수도인들은 영생을 잘 살 목적으로만 살 뿐이다.
수도인들은 불생불멸의 영혼으로 선인선과의 복락을 위해서
살아갈 뿐이다. 아름다운 환생을 위해서만 열심히 살아갈 뿐이
다. 영혼불멸로, 선인선과로, 은생어은으로, 상생선연으로만
살 뿐이다. 아름다운 영혼으로만 살아갈 뿐이다.

10 건강과 행복은 어디에서 오는가?

사람은 힘과 용기가 있을 때 살맛이 나며 희망과 꿈이 있을 때 행복하다. 힘과 용기는 건강한 몸에서 나오고 희망과 꿈은 건강한 마음속에서 나온다.

그렇다면 건강한 몸과 지혜로운 마음은 어디에서 오며 사람은 무엇으로 행복하고 아름다워지는 것일까. 항상 기분(氣分)좋게 살아야 건강하고 행복하다. 사람이 기분 좋게 살려면, 숨을 편안하게 잘 쉬어야 한다.

우리가 숨을 잘 쉬게 되면, 우리 몸 구석구석에 기(氣)가 잘 전달되어서 몸 안의 세포 하나하나가 다 행복하고 즐거워지며 오장육부 또한 건강하고 행복해진다.

기분이 좋다는 이야기는 우리 몸 구석구석에 기가 잘 나누어지고 골고루 잘 분배된다는 뜻이다.

기에는 생기(生氣)와 진기(眞氣)가 있는데, 생기란 코를 통하여 숨을 들이마시게 되면 산소가 폐로 들어가서 심장으로 보내지고 동맥을 통해 우리의 몸 구석구석으로 산소를 보내게 된다.

진기(眞氣)란 코로 숨을 들이마시게 되면 산소가 횡격막을 통과해서 아랫배 석문혈에 전달되는데, 기해혈(음)과 석문혈(불을 때는 아궁이)과 관원혈(양)에서 음양상추 작용(陰陽相推作用, 태극운동)이 일어나 생성되는 것이다. 이 진기가 대맥과 임맥과 독맥 등 기경8맥과 12경락에 잘 전달되게 되면 죽은 세포들이 살아나서 우리 몸 안 세포 생명체들이 건강해지고 오장육부가 튼튼해진다. 그렇게 되면, 노화(老化)의 속도가 느려진다. 어찌 보면 진기수련이 최고의 건강식품인지도 모른다.

우리 몸은 70%의 수분(水分)을 충분히 머금고 있어야 하며 깨끗한 물이 온 몸에 골고루 나누어져야 건강하고 행복해진다.

어머니의 젖을 먹는 아기들의 몸은 90%가 수분이다. 건강한 성인의 몸은 70%가 수분이며, 몸의 수분이 50% 이하로 줄어들면 빨리 늙고 빨리 죽게 된다. 따라서 건강한 몸을 유지하기 위해서는 70%의 수분을 항상 유지하도록 해야 한다.

수분이 부족하거나 혈액이 탁해지면 쉽게 피곤하고 불안해지며 화를 자주 내게 되어 오장육부의 기능을 떨어뜨린다. 심한 스트레스를 받거나 무엇을 골똘히 생각하거나 하게 되면 수분을 많이 소모하게 되므로 수분을 충분히 보충해 주어야 한다.

제철 영양분(營養分)을 골고루 잘 섭취해야 건강하고 행복해진다. 달고, 맵고, 짜고, 시고, 쓴 음식들을 골고루 잘 먹어야 한다. 평소에 싫어하는 음식을 약으로 알고 잘 먹어야 한다. 싫어하는 음식이 바로 보약임을 항상 명심해야 한다.

먹고 싶은 음식이나 입에 당기는 음식을 충분히 먹어 주어야 한다. 몸에서 필요로 하는 음식이기 때문이다. 우리 몸 안의 세포 생명체들이 우리의 머리나 생각보다 훨씬 더 빠르게 요구하고, 반응한다는 사실을 명심해야 한다.

열매와 잎과 줄기와 뿌리 음식을 골고루 잘 섭취해야 한다. 가능하면 가공을 적게 하고 통째로 먹어야 좋다.

사람의 치아는 원래 32개였다. 그런데 차츰 퇴화되어 지금은 28개가 되었다. 그 이유는 음식을 지나치게 부드럽고 먹기 좋게 만들며 영양가 높은 음식을 빨리 많이 먹기 때문에 필요하지 않은 부분이 퇴화된 것이다.

코끼리나 말이나 소들이 덩치가 큰 이유는 거친 먹이를 오래도록 잘 씹어서 먹기 때문이다.

쓴 음식은 뼈를 튼튼하게 해주고 깨끗한 피를 잘 만들어준다.

신 음식은 피부를 생기 있게 만들어주는데 임신한 여성이 신 음식을 찾는 것은 뱃속 아이의 살을 만들기 위해서이다.

짠 음식은 피를 맑게 해주는 것으로, 소금은 우리 몸에 있어서 아주 긴요한 식품이다. 그러나 너무 지나치면 독이 되기도 한다. 화학적으로 만들어진 흰 소금은 짠 맛을 내는 약품이지 식품은 아니므로 주의해야 하며 산에서 캐어낸 소금이나 오염된 바닷물로 만든 소금은 불량식품이므로 주의해야 한다. 볶은 소금이나 죽염은 건강에 꼭 필요한 식품이다.

매운 음식은 기를 북돋아 준다. 파란 고추는 비타민의 보고이며 붉은 고추나 고추장은 위장약이다.

손으로 음식을 먹는 민족은 위장병이 없다. 왜냐하면 뜨거운 음식을 먹지 않기 때문이다. 그 대신 매운 음식을 먹는다. 매운 성분은 위로 들어가서 위운동을 활발하게 하여 소화를 돕는다.

생강이나 카레나 마늘이나 양배추나 무나 배추 등의 매운맛이 위와 소장과 대장 운동을 도와주는 약들이며 속을 따뜻하게 하는 보약이다.

단 음식은 피곤을 풀어주고 지친 몸에 활력을 준다. 가능하면 흰 설탕 대신 단맛이 나는 과일이나 꿀이나 효소 등을 먹는 것이 좋다. 요즘은 조청을 음식에 많이 사용한다.

그러나 어떤 음식이든지 지나치게 섭취하면 오히려 오장육부의 기능을 떨어뜨리고, 중독되기 쉽다. 뭐든지 지나치면 독이되고 부족하면 병이 됨을 명심하고 명심해야 한다.

따뜻한 사람의 정분(情分)이 잘 오고가야 살맛이 난다. 사람은 정분이 나야 서로를 사랑할 수 있다. 미운정 고운정이 서로의 몸에 배어 있어야 행복해진다.

사람은 서로의 덕분(德分)으로 사는 것이다. 사람은 한순간도 남의 도움이 없이는 못 사는 존재이다. 하늘과 땅과 만물의 덕분으로 살고 서로 다른 많은 사람들의 덕분으로 살고 가까운 사람들의 보살핌으로 살아간다. 서로를 진정으로 사랑하고 서로에게 진정으로 감사하며 서로의 덕분으로 살아가야 참으로 건강하고 참으로 행복해진다.

사람이 살면서 건강을 잃지 않고 오래도록 행복하게 잘 살려면항상 분수에 맞게 편안해야 하고 언제 어디서나 숨을 편안히잘 쉬고 살아야 한다.

사람이 자기의 분수를 알고 자기의 분수를 지키고 자기의 분수에 편안하면 먹는 것이 살로 가고 뼈로 가서 살맛이 난다. 건강이 깃든다. 행복과 평화가 찾아온다.

반야심경 이야기

1 맨발로
사신 부처님

맨발로 사신 석가모니(釋氏=샤키아족=금강경제1장)와 금옷을 입은 부처님 중에서 누가 진짜일까. 사람들은 진짜를 가짜라 하고 가짜를 진짜라고 말을 한다. 그런데 말(말씀)이나 글(문자)로는 진짜와 가짜를 구분할 수가 없다. 오직 직접 체험(體驗)해 보고 스스로 증험(證驗)하지 않고서는 알 수가 없다. 두도사(頭道士)와 구도사(口道士)와 문도사(文道士)가 판을 치면 진짜는 사라진다.

석가모니 부처님께서는 일생 동안 얼마나 행복하셨고 얼마나 보람이 있으셨을까. 부처님은 신(神)이 아니라 인간이다. 아주 평범하면서도 지극히 상식적인 한 인간이셨다. 진리를 깨친 한 수행자요, 우리 모두의 스승이시다. 맨발에 무소유로 살으셨고 구도자(求道者)였고 구원자(救援者)였고 지혜로운 영혼으로 영생을 얻으셨다. 그래서 부처님이요, 성자(聖者)이신 것이다.

1. 부처님께서는 집이 아닌 길에서 태어났다. 그의 어머니가

아기를 낳으러 친정집으로 가는 도중에 보리수나무 밑에서 태어난 것이다(B.C. 623년 음 4월 8일).

2. 태어난 지 7일만에 그의 어머니 마야가 죽었다. 그래서 그의 이모 파사파제 품안에서 자랐다.

3. 16세에 야수다라와 결혼 했다.

4. 29살에 부인과 아들 라후라를 남겨두고 출가 했다.

5. 겐지스 강물에 얼굴을 씻은 후 자기의 몸에 지니고 있던 칼로 머리를 자르고 수도의 길로 들어섰다.

6. 히말라야 설산에서 6년 동안 고행을 했다.

7. 35세에 진리를 깨달았다(음 12월 8일).

8. 45년 동안 8만4천 무량법문으로 중생제도를 하셨다.

9. 집으로 가는 도중에 80세를 일기로 나무 밑에서 죽었다 (B.C. 544년 음 2월 15일).

10. 나는 지금까지 한 번도 설한 바가 없다 하시며 세상을 하직 하셨다.

부처님께서는 고(苦)를 사랑하셨기 때문에 사성제(四聖諦)와 팔정도(八正道)를 깨치셨고 생로병사를 사랑하셨기 때문에 십이인연법과 삼세인과를 깨치셨다. 순간순간의 삶을 사랑하셨기 때문에 영생(永生)을 얻으셨고 불생불멸의 영혼임을 깨치셨기 때문에 스스로를 구원하셨고 뭇 중생들을 구원하셨고 널리 세상을 구원하신 것이다. 스스로를 신품(神品)으로 만드셨고 신격(神格)을 갖추신 것이다. 진리를 크게 깨치신 부처님이 되신 것이다.

부처님께서는 오직 법등명(法燈明)하고 자등명(自燈明)하라 하셨다.

오직 좋은 법에 의지하고 자기 자신의 지혜로운 판단에 의지하여 진리(道)를 크게 깨치라 하셨다. 영혼의 환생(幻生)과 선인선과(善因善果=善心善行)로 영생길을 찾으라 하신 것이다.

2 지혜로운 영혼은
참 아름답다

반야심경은 부처님께서 사리불에게 하신 법문 말씀이요, 사리불과의 대화 내용이다. 부처님께서는 지혜로운 영혼을 가진 사리불을 만나기 위해서 20년 동안이나 기다렸다고 한다. 그래서 사리불을 만나지 못했더라면 반야심경이 없었을지도 모른다. 따라서 반야심경은 지혜의 경전이다. 지혜로움이 참 인생이요, 지혜로운 영혼을 가진 사람은 참 아름답다는 내용이 담겨져 있다.

반야심경은 팔정도인 지혜로움으로 12인연법인 삼세의 인과를 깨쳐서 영생의 삶을 잘 살라는 법문이다. 매일매일을 지혜로움의 눈으로 지혜롭게 잘 살라는 법문인데 바르고 발라서 바를 것도 없는 참된 올바름으로 행복하게 잘 살아서 지혜로운 영혼의 삶을 오래도록 잘 살으라는 당부의 말씀들이다.

우리 영혼의 마음이 신령스러운 앎(靈識:영식)이요, 양심(良心)이요,

지혜로움(智慧)이다. 따라서 양심을 따라 지혜로움을 따라 신령스러운 앎을 따라 잘 살게 되면 누구나 다 선인선과(善因善果)의 복락이 찾아오고 불보살의 대열에 들게 되며 부처의 꿈을 이룰 수 있다. 매일 매일이 낙원이요, 순간 순간이 영생이 된다.

사람은 누구나 다, 영혼과 육신이 한 몸 한 마음이요, 몸과 마음이 하나다. 우리의 영혼은, 우리의 몸과 마음인 심신 작용(心身作用)을 따라, 지혜로운 불보살이 되기도 하고, 어리석은 중생이 되기도 한다.

우리의 영혼을 씨줄 삼고, 삼세의 인과를 날줄 삼아서, 매일 매일을 지혜롭게 잘 살게 되면, 부처의 꿈을 이룰 수 있다. 매일 매일, 순간 순간을 영혼의 숨결로, 지혜로움으로, 양심적으로 잘 살게 되면, 생사를 초월하고, 생과 사를 해탈할 수 있다.

전생의 나와 금생의 나와 내생의 나는, 하나의 영혼이다. 때문에 지금 이 순간을 지혜롭게 살게 되면, 12인연법을 깨쳐서, 영생을 살게 된다. 다만 죽었다 살았다 할 뿐이요, 생노병사를 따라 영생을 한다. 순간 순간의 삶이 영생으로 이어진다. 매일 매일의 삶이 영생의 밑거름이 된다. 불생불멸의 영혼이 되는 것이다. 순간 속에서 영생을 살고 순간 순간의 삶이 영생으로 이어지고 불생불멸의 영혼으로 영원히 살아간다.

나의 조물주는 나 자신이요 나는 나 자신으로부터 태어나서 나 자신을 위해 살다가 또다시 나 자신으로 되돌아간다. 혹은 지혜로운 영혼으로 혹은 어리석은 영혼으로 혹은 상생의 선연으로 혹은 상극의 악연으로 들어서며 영생을 하는 것이다.

생사불이(生死不二)요, 영혼불멸이다. 선인선과로 복락을 누리고 보면 진급하고 진급하여 부처의 꿈이 이루어진다. 세세생생 거래간에 빛나는 영혼으로 길이 길이 진급할 것이다. 우리의 영혼이 영원히 빛날 것이다.

우리의 영혼은 불생불멸(不生不滅)이요, 불구부정(不垢不淨)이요, 부증불감(不增不減)이다. 또한 우리의 몸과 마음은 심신 작용(心身作用)이요 오온(五蘊)이요 육근(六根)이다. 때문에 우리의 영혼은 우리의 몸과 마음인 심신 작용을 따라 양심을 따라 지혜를 따라 신령스러운 앎을 따라 생사를 따라 생노병사를 따라 삼세의 인과를 따라 부처가 되기도 하고 중생이 되기도 한다.

우리가 알고 있는 도(道)란 건강한 몸(辶:뛸착변)과 지혜로운 마음(首:머리수)으로 선인선과(善因善果)의 복락을 오래도록 잘 누리라는 말이다. 오래도록 행복하게 잘 살라는 말이다. 진리(眞理)란 말 역시 참된(眞:진) 이치(理致)로 건강한 몸(里:마을리)과 지혜로운 마음(王:임금왕)으로 세세생생(世世生生) 거래간(去來間)에 사람의 몸을 잃지 아니 하고 건강한 몸으로 잘 태어나서 정법(正法)을 만나고, 정사(正師)를 만나서 성불제중(成佛濟衆)의 큰 서원을 원만히 이루라는 말이다.

결국 반야심경은 불생불멸의 영혼으로 선인선과의 복락을 오래도록 잘 누리고 삼세의 인과를 깨쳐서 세세생생 거래간에 불보살의 삶을 떠나지 아니하고 부처의 꿈을 이루라는 석가모니 부처님의 간절한 염원과 바람이 담긴 경전이라 하겠다.

우리가 道와 진리를 잘 알려면, 다음의 세 가지 측면을 잘 알고 있어야 한다. 그 첫째로는 나와 자연과 지구와 세상만물과 우주와의 관계를 잘 알고 있어야 한다. 우주의 변화와 자연의 섭리를 과학적이고 사실적으로 잘 알고 있어야 우리가 병들거나 고통받지 아니하고 잘 살아갈 수 있기 때문이다. 내 몸 밖의 외부환경에 대한 지혜와 지식이 필요한 것이다.

둘째로는 나의 몸과 마음인 오장육부(육장육부)와 심신작용에 대해서 잘 알고 있어야 한다. 우리의 몸과 마음은 하나요, 우리의 몸은 만사만리(萬事萬里)의 근본이 되기 때문이다. 자기 자신의 몸과 마음에 대해서 잘 알고 있어야 자기의 몸을 자기의 마음대로 잘 쓸 수가 있다.

셋째로는 참 나의 존재와 영혼의 문제를 확실하게 잘 알고 있어야 한다. 우리 영혼의 존재와 생사윤회의 문제와 삼세의 인과를 확실하게 잘 알고 있어야 道와 진리를 잘 닦을 수 있고 잘 깨칠 수 있기 때문이다. 나는 누구이며 나는 어디에서 왔고 왜 살며 어떻게 살아야 할지 그리고 어디로 또다시 돌아가는가를 잘 알고 살아야 하는 것이다.

우리의 인생이나, 道나, 진리나, 신(神)이나, 하나님이나, 부처
님이나, 종교나, 철학이나, 사상 등의 근본 뿌리는 자기 자신의
영혼으로부터 출발해야 한다.

3_ 자연이
다 부처다

나는 누구인가. 나는 어디에서 왔는가.

나는 산소요, 자연이다.

나는 산소로부터 왔고 자연에서 왔다.

산소가 없다면 지금 내가 살아있을 수 있을까.

산소를 만들어주는 자연이 없다면 내가 살아갈 수 있을까. 나는 산소로부터 와서 산소로 살아간다. 숨을 쉬면서 자연 속에서 살아가는 것이다. 세상 만물과 더불어 함께 살아가는 것이다.

지구상에서 가장 높은 히말라야 에베레스트(8,848km)의 산소 농도는 100을 기준으로 35%(6% 정도)란다. 사람은 누구나 다 산소 없이는 살 수 없다. 그런데 공기 중 산소는 20% 정도밖에 없다. 대부분이 질소(80%: N_2)인 것이다. 그러므로 히말라야에서는 사람이 살 수 없다. 그런데도 사람들은 그곳을 신(神)이 사는 신령스러운 영산(靈山)이라고 한다. 사람들은 누구나 다 신(神)의 나라인 어머니의 자궁 속에서 살다가 왔다. 우리가 태초에 머물며 살았던 어머니의 자궁 속 역시, 산소 농도가 100을 기준으로 35%(6%)이기 때문이다. 그래서 태중에서는 살아있음의 영혼으로 숨을 쉰다. 영혼의 숨결로 살아가는 것이다. 이 세상에서 가장 안락(安樂)한 우리 영혼의 안식처(安息處)인 것이다.

우리가 살고 있는 지구상에서 맨 처음으로 불을 사용할 수 있었던 것은 공기 중 산소가 13%였을 때로부터란다. 공기 중 산소가 13% 미만이면 불을 켤 수도 사용할 수도 없다. 이뿐만 아니라 우리의 목숨도 사라진다. 따라서 산소가 목숨이요, 생명인 것이다.

그렇다면 산소는 어디에서 왔을까. 이 우주 안에서 산소가 만들어지는 곳은 지구라고 하는 별나라밖에 없다. 그래서 산소는 나에게 우리 인간들에겐 축복이요, 행복이다. 부처님의 숨결보다도 더 따뜻하고 더 부드러운 손길이다. 그래서 산소가 만들어지고 있는 지구마을은 천당이요, 극락이요, 지상낙원인 것이다.

산소와 물과 풀과 나무와 먹거리와 곤충들과 동물들과 사람들과 뭇생명체들이 없는 곳에 천당과 극락이 있을 수 있으며 부처님이 살 수 있을까. 산소는 하늘이 만들고 땅이 만들고 사람이 만드는 것이 아니다. 풀과 나무들이 탄소와 물과 햇빛으로 자연이 만든다. 사람은 산소를 먹고 사는 소비자들이다. 자연은 우리의 목숨과 생명을 살려낼 산소를 만들어주는 생산자다.

그래서 우주와 자연과 세상 만물이 다 부처님이다. 자연을 부처님으로 볼 수 없다면 부처는 없다. 부처가 될 꿈을 꾸어서도 안 된다. 부처가 될 자격이 없는 것이다.

나는 누구인가. 나는 이 세상에 산소가 없다면 한순간도 존재할 수 없고 살아갈 수도 없다. 그래서 사람이면 누구나 다 끊임없이 산소를 만들어주는 풀과 나무와 물과 햇빛과 자연과 우주에 대해 늘 감사하면서 살아야 한다. 사람이면 누구나 다 공기 중 산소를 부처님의 숨결로, 부처님의 손길로 느껴야 한다.

나는 누구인가. 나는 나요, 나 자신이요, 나의 오장육부다. 나의 주인은 나의 영혼이다. 그런데 나의 영혼은 아주 투명한 산소의 결정체이다. 나의 근본 씨앗인 나의 영혼은 코로 들이마신 산소가 명문혈을 중심점으로 하여 고온과 고압으로 끊임없이 농축하게 되면 사람의 씨앗인 영혼이 만들어진다. 마치 햇볕을 볼록렌즈에 초점을 맞추어서 오래도록 비추게 되면 불씨를 얻을 수 있는 것과도 같다. 그러니까 산소 호흡이 명문혈을 중심점으로 하여 오래도록 이루어지면서 우리의 영혼이 만들어진 것이다. 만물의 영장인 사람으로 진화된 것이다. 마치 탄소(C)를 저온과 저압으로 압축하게 되면 연필심이 되지만, 고온과 고압으로 압축하게 되면 다이아몬드가 되는 것과도 같다.

사람이 공기 중 산소를 폐로만 숨을 쉬게 되면 어리석은 중생이 되기가 쉽다. 그러나 기체 산소를 액체 산소로 만들고, 액체 산소를 고체 산소로 만들고, 또다시 고체 산소를 빛 산소로 만들게 되면 혼불이 살고 영혼이 빛난다. 부처님의 영혼으로 바뀌는 것이다.

그렇다면 왜 우리의 영혼이 산소의 결정체일까. 지구의 역사와 인류의 기원을 알면 사람이 보일 것이다. 지구상에서 살아 움직이는 모든 생명체는 모두가 다 산소가 목숨이다. 산소가 생명이요, 목숨인 것이다. 따라서 사람은 산소로 출발하여 산소가 목숨이 되고 육체가 되어 사람의 몸과 마음과 영혼과 생활이 끊임없이 진화해 온 것이다. 그래서 사람의 영혼이 산소의 결정체인 것이다.

그러므로 태양계를 중심으로 일어나고 있는 우주의 변화와 자연의 변화가 다 부처님의 숨결이요, 부처님의 손길이요, 세상 만물이 다 부처인 것이다. 이 세상에 부처가 아닌 것이 하나도 없다. 사람이 만일 자연의 변화 속에 살아가는 자기 자신을 볼 수 없다면 부처의 꿈을 이룰 수도 참 道를 닦을 수도 없을 것이다.

사람은 산소가 없으면 못 살고, 풀과 물과 나무와 햇빛과 자연과 세상 만물과 먹거리가 없으면 못 산다. 사람은 해와 달과 별과 바람과 구름과 비와 이슬과 서리와 눈과 봄과 여름과 가을과 겨울과 밤과 낮이 없으면 못 산다.

이 세상에 없어서 못 사는 것이 있다면 아마도 그것은 바로 우주요, 자연이요, 산소다. 그래서 산소가 부처님이요, 자연이 부처님이요, 우주가 부처님이다. 이 세상엔 부처님 아님이 하나도 없는 것이다.

또한 산소로 살아가는 모든 생명체는 모두가 다 한 몸이요, 한마음이요, 한 삶이다. 산소와 숨(호흡)과 목숨과 영혼은 하나다. 산소로 더불어 지구 마을에서 영원히 함께 살아간다. 우리가 만일 산소를 사랑하고 산소를 소중히 여긴다면 자연과 세상 만물과 지구 마을과 더불어 영원히 행복할 것이다.

산소는 축복이요, 사랑이요, 행복이다. 산소는 우리 모두의 희망이요, 살아 숨 쉬는 참 부처일 것이다. 자연이 다 부처다. 세상 만물이 다 살아있는 참 부처다.

그렇다면 부처란 누구일까. 건강한 몸과 지혜로운 마음으로 행복하게 잘 사는 사람이다. 오장육부가 건강하고 몸과 마음이 건강하고 영혼이 아름다운 사람이다. 결국 부처란 자연 속에서 자연스럽게 하고 싶은 일을 매일매일 행복하고 즐겁게 잘 하면서 살아가는 사람이다.

부처란 자연인이요, 자유인이요, 생로병사를 사랑하는 사람이요, 삼세의 인과를 깨쳐 선인선과의 복락을 누리는 사람이요, 불생불멸의 영혼으로 영생을 사는 사람이다. 부처란 자기 자신을 아름답게 잘 가꾸고 언제나 자기 자신을 지극히 사랑하며 세상 만물과 더불어서 아름답게 잘 살아가는 사람이다.

그래서 자연이 다 부처요, 세상 만물이 다 부처인 것이다. 태양이 부처요, 달이 부처요, 별들이 다 부처다. 일월성신이 부처요, 풍운우로상설이 부처요, 춘하추동이 부처요, 밤낮이 부처요, 하루하루, 매일매일, 순간순간이 다 부처다. 공기와 산소가 부처요, 하늘과 땅이 부처요, 물과 풀과 나무가 다 부처인 것이다. 이 세상에는 부처님 아님이 하나도 없다. 세상 만물이 다 부처님의 품안에서 부처님의 숨결로 살아가는 것이다. 부처님의 따뜻한 손길 속에서 살아가는 것이다.

이 세상에는 날아다니는 부처님도 없고, 하늘에 사는 부처님도 없고, 금으로 만들어진 옷을 입고 사는 부처님도 없다. 참 부처님, 살아있는 산 부처님, 사람 모습의 부처님이라면 누구나 다 숨을 쉬어야 하고 밥을 먹고, 똥을 싸야 하며 의식주를 스스로 해결해야 하며 사람들과 더불어서 세상 속에서 함께 살아가야 하는 것이다.

지혜로운 영혼으로 지혜롭게 잘 살아가는 사람들이 다 참 부처님인 것이다. 건강한 몸과 지혜로운 마음으로 행복하게 잘 사는 사람들이 다 부처님이다. 지혜로움이 참 인생이요, 지혜로운 영혼으로 아름답게 빛나는 사람들이 참 부처다.

부처님은 신(神)이 아니다. 산 사람이다. 신(神=영혼)이란 육신이 없는 반쪽짜리 인간(인생)일 뿐이다. 사람은 누구나 다 숨쉬고 먹고 싸고 자고 하는 것을 누가 대신해줄 수 없다. 의식주를 스스로 해결하고 사는 데 있어서 비싸고 좋은 옷이 필요치가 않다. 오직 편안하고 자연스러운 옷이 필요할 뿐이다. 따라서 건강한 사람이 부처요, 지혜로운 사람이 부처요, 행복한 사람이 부처요, 아름다운 영혼으로 살아가는 사람들이 다 참 부처인 것이다.

4 불(佛) 밝히면
모두가 부처된다

우리 본성(本性)에 불(佛) 밝히면 참 나 드러난다.
우리 본래(本來)의 마음속에 지혜의 광명이 밝혀지면 참 나 드러
난다.

우리 자성(自性)에 불(佛) 밝히면 부처가 보인다.
우리 참 나가 지혜의 광명으로 빛나면 부처가 된다.

우리의 신성(神性)에 불(佛) 밝히면 신선(神仙)이 나타난다.
우리 영혼과 지혜의 광명이 만나면 신선이 된다.

우리 덕성(德性)에 불(佛) 밝히면 불보살된다.
우리 참 나와 참사랑(대자대비:大慈大悲)이 만나면, 불보살된다.

우리 영혼은 영식(靈識)으로 우리 양심(良心)이요, 지혜로움이다.
지혜로움이 참 인생이다.

우리 영혼의 마음이 바로 영성(靈性)이요, 본성이요, 자성이요, 신성이요, 참 나다.

우리 혼불(魂佛＝魂靈:혼령)이 빛나면 영혼이 아름답다. 양심이 살아난다. 행복이 커 간다. 평화가 온다.
우리 마음속에 불(佛＝神:신＝지혜)이 켜지면 부처가 되고 불(佛)이 꺼지면 중생된다.
우리 마음속에 불(佛)이 빛나면 지혜광명 나타나고 불(佛)이 어두우면 무명 번뇌가 판을 친다.
자성광명 불(佛)을 밝혀라. 모두가 부처로다.
세상 만물이 춤을 춘다. 지상낙원이 펼쳐진다. 극락세계가 이룩된다.

우리 혼불을 어떻게 밝힐 것인가? 우리의 혼불은 어떻게 해야 꺼지지 않을까?
우리의 몸 어디에 혼불을 밝힐 것인가?

우리의 심지(心志, 心地)는 명문단전이다.
들숨(吸, 흡입, 吸入)과 날숨(呼, 호출, 呼出)으로 명문단전이 철주(鐵柱)의 중심이 되게 해야 하며 우리의 숨이 명문단전(命門丹田)에 이르도록 가늘고 길고 깊고 강하게 해야 한다. 명문단전을 중심으로 온몸호흡을 해야 한다. 태중호흡을 해야 하는 것이다.

의식과 기운과 마음과 호흡이 명문단전에 주(住)하도록 하면 혼불이 살고 부처가 나타나고 불보살이 되어 간다.
우리 영혼이 아름답게 빛난다.

명문단전에 불씨가 살고 명문단전에 불이 밝혀지면 참 나가 보
인다. 참 부처가 나타난다. 지혜광명이 밝혀진다.
우리의 명문단전에 불(佛)을 밝히면 모두가 다 부처로 보인다.

일마다 불공(佛供)이 된다. 세상이 온통 낙원이 된다. 부처와 불
보살과 중생이 따로 없다. 누구나 다 불(佛, 깨달음)을 밝혀 부처님
으로 살면 부처가 된다. 누구나 다 보시공덕(布施功德)을 두터이
잘 쌓으면 불보살된다.

우리 영혼의 눈과 마음이 바로 자성광명이요, 지혜광명이다.
지혜로움이 참 인생이요, 지혜로움이 참 삶이다. 지혜로움이
영혼의 마음인 것이다.

우리 영혼의 마음이 양심이다. 그러므로 양심을 따라 지혜광명
을 따라 살게 되면 진급하기도 하고 지혜로운 불보살이 되기도
하고 부처님이 되기도 하는 것이다.

5 우주는
　　빛이다

우주는 열 가지의 빛으로 가득 차 있다.
빛은 만물의 근원이다.
우주는 크게 열 가지의 색과 빛으로 구성되어 있다.
열 가지의 색은 무색[0]과 흰색[1], 빨간색[2]과 주황색[3], 노랑색[4]
과 초록색[5], 파랑색[6]과 남색[7], 보라색[8]과 검정색[9]으로, 우주
만유요, 삼라만상이요, 시방세계다.

열 가지의 색과 빛은 낮과 밤의 색깔이요, 밝음과 어둠의 색깔
이요, 우주의 색이요, 빛이다.
1, 2, 3, 4, 5, 6, 7, 8, 9, 10의 숫자는 우주요, 우주의 변화요,
우주의 진리다. 색과 빛과 숫자는 만물의 근원이요, 만물의 변
화요, 우주의 성주괴공이요, 만물의 생로병사요, 유와 무의 세
계요, 색[色]과 공[空]의 세계다.

우주와 진리와 道란 있다면 있고, 없다면 없고, 있을 수도 있

고, 없을 수도 있다. 우주와 진리와 道란 끊임없이 변화한다. 고정된 것은 죽은 것이요, 살아 움직이는 것은 산 것이요, 그래서 살아있는가 하면 죽고, 죽었는가 하면 다시 살고 하면서 끊임없이 변화한다. 색은 공으로, 공은 색으로, 돌고 돌아 색과 공이 둘이 아니요, 색과 공이 서로서로 끊임없이 변화한다. 색과 공이 구공(俱空)이나, 구공 역시 구족(具足)인 것이다.

여기에서 색은 나타난 현상 세계요, 눈에 보이는 유의 세계다. 공은 숨어서 보이지 않는 세계요, 우리의 육안으로는 볼 수 없는 아주 빠른 속도로 변화하는 변화의 세계다. 그래서 있다고 영원히 있고 없다고 아주 없어진 것이 아니라, 색과 공이 서로서로 끊임없이 변화하면서 나타나 보이기도 하고 없는 듯 사라지기도 하는 것이다. 나타남과 사라짐은 둘이 아니요, 다른 세계도 아니다. 하나의 변화일 뿐이다. 색과 공이 그렇고, 유와 무가 그렇고, 음과 양이 그렇고, 생과 멸이 그렇다 할 것이다.

생함도 없고 멸함도 없다는 것은 道의 본질(本質)을 말한 것으로 道의 근원(根源)에서 보면 항상 변하고 움직이고 있기 때문에 변하는 것만 있을 뿐 생하고 멸하는 것도 없는 것이다. 또한 그리 중요하지도 않다. 그래서 태어남이다, 병듦이다, 늙음이다, 죽음이다, 색이다 공이다, 유다 무다, 생이다 멸이다 말할 수가 없다. 그래서 불생불멸인 것이다. 끊임없이 변화하고 있어서 생은 사로, 사는 생으로 돌고 돌며 시작도 끝도, 생함도 멸함도 없는 것이다.

생로병사를 따라 죽었다 살았다 하면서 영원히 살아간다. 영생을 하는 것이다. 우리 영혼은 불멸이요, 인과의 진리는 인생이요, 우리 삶인 것이다. 우리 육신과 영혼은 한 몸이요, 한마음이요, 한 삶인 것이다.

6 석가모니는
왜 부처님인가?

석가모니^(釋迦牟尼 Sākyamuni, B.C 623~544) 부처님께서는 자기 자신과 우주의 진리를 크게 깨친 위대한 성자로 대자대비하신 부처님이요, 지혜롭고 자비로운 불보살로 오랜 세월 동안 세상의 존경과 추앙을 받는 분이시다. 부처^(Buddha)란 진리를 크게 깨달은 사람이란 뜻으로, 예수 그리스도^(Jesus Christ, 구세주)의 그리스도란 말과 어원이 같다.

불교^(Buddhism)라는 말과 그리스도교^(Christ)라는 말은 같은 의미이며, 석가모니와 예수님의 깨달음을 가르치는 종교라는 말이다. 따라서 진리를 크게 깨달은 인간 석가모니를 부처님이라고 부르는 것이다. 그래서 제불제성이 모두가 다 부처님이요, 그리스도이다. 동양의 성자철인들은 부처님이요, 서양의 성자철인들은 그리스도인 것이다. 지금까지의 모든 부처님과 모든 성자철인들은 모두가 다 신격^(神格)과 신품^(神品)을 갖춘 부처님이요, 그리스도이다.

반야심경은 석가모니의 법문이요, 석가모니의 마음이요, 석가모니의 깨달음이요, 석가모니의 가르침이다. 석가모니는 지혜광명을 크게 깨닫고, 지혜광명을 크게 실천한 위대한 성자(聖者)요, 큰 道人이다. 그래서 부처(Buddha)라 한 것이다. 석가모니 부처님께서는 무상대도(아뇩다라삼막삼보리)인 지혜광명(반야바라밀)을 원만히 깨달으신 대자대비하신 불보살이요, 구도자요, 수행자다. 석가모니는 자기 자신이 불생불멸의 영혼임을 깨치셨고, 삼세의 인과인 12인연법을 확실히 깨치셨다.

석가모니는 자기 자신이 우주 안에서 우주의 주인으로 스스로가 스스로를 위해 당당하게 자신감을 가지고 자신의 삶을 잘 꾸려가라 하셨다.

석가모니 부처님께서는 불상(佛像)을 믿고 의지하라 하신 것이 아니라 지혜광명인 진리(道)를 믿고 깨치라 하셨다. 자기 자신을 믿고 자신있게 잘 살라 하셨다. 그러므로 반야심경을 통하여 석가모니의 마음을 읽고, 석가모니의 깨달음을 닦고 석가모니의 삶인 인생을 깨쳐야 한다. 만일 그렇지를 못한다면 그냥 주문(呪文)이요, 그냥 문자요, 그냥 기도문일 뿐이다.

7 ― 인과를 깨치면
모두가 부처님

자기 자신의 구원은 스스로 하는 것이다. 누가 대신해 주지 않는다. 남이 대신해 주는 법은 없다.

하늘은 스스로 구원하는 자를 돕는다. 자수자각(自修自覺)하고 자문자답(自問自答)하는 것이다.

99%, 100%를 스스로의 땀과 정성과 노력으로 하는 것이다.

석가모니께서는 어머니 태중(胎中)에서 중생제도(衆生濟度)하기를 마치셨다 하였는데 그것이 무슨 뜻일까?

어머니 태중이란 새로운 탄생이요, 새로운 출발이다. 자기 구원인 것이다. 숨이 숨어있는 죽은 영혼의 석가모니께서 목숨이 살아 숨 쉬는 새로운 석가모니로 태어났다는 뜻이다.

또한 명문단전을 통하여 태중호흡(태아호흡)을 하라는 뜻이요, 태중호흡으로 스스로를 구원하라는 의미이다.

석가모니께서는 스스로 자신의 부모를 선택하였고, 스스로의 구원을 마치셨다. 영생(永生)을 얻으신 것이다.

우주 안에서 지구처럼 아름답고 살기 좋은 별이 있을까?

지구 마을이 바로 도솔천(兜率天)이요, 우리의 고향이 바로 지상 낙원이다. 우리의 몸이 바로 천당(몸집)이요, 궁전(부처의 집)이다. 사람은 누구나 다 성씨(姓氏)가 있다. 성씨란 자기 자신이요, 자기 자신의 영혼을 말한다. 영생을 의미하는 것이다.

왕궁가의 성씨든, 빈민가의 성씨든, 재벌가의 성씨든, 누구나 다 성씨를 가지고 살아간다. 다음 생의 성씨를 미리 정할 수 있다면 얼마나 좋을까?

석가모니 부처님께서는 도솔천을 떠나지 아니하고 이미 왕궁가에 내리시며 모태 중에서 중생제도 하기를 마치셨다.

석가모니 부처님께서는 살아생전에 자기 성씨를 정하셨고 태중호흡으로 자기 구원을 마치셨다. 삼세인과를 깨치신 것이다. 부처님이 되신 것이다.

하나님께서는 사람을 만들 때, 자신의 모습처럼 만드셨다. 이것은 우주의 진리를 깨쳐서 참 사람이 되라는 의미요, 삼세인과(三世因果)인 전생의 나와 금생의 나와 내생의 내가 하나인 하나님 자리를 깨치라는 말이다. 하나님으로 살라는 말이다. 전생의 나와 금생의 나, 내생의 내가 하나의 영혼이다. 그 하나의 영혼에 생명의 숨을 불어넣은 분이 바로 아버지이기 때문에 하나님 아버지인 것이다. 결국 우리 모두가 다 하나님 아버지인 것이다. 따라서 예수님께서도 하나님 아버지자리인 불생불멸의 道와 삼세인과와 생사의 이치를 크게 깨우치신 것이다.

하나님 자리를 깨쳐 하나님으로 살면 누구나 다 하나님이다.

우리의 목숨은 영원하다. 스스로가 무량수불인 것이다.

우리의 목숨은 영혼으로, 영혼은 목숨으로, 끊임없이 변화하면서 영원히 살아간다. 우리의 영혼은 불멸(不滅)이요, 인과는 우리의 삶이요, 인생이다. 그러므로 지혜롭게 잘 살면 행복하고, 어리석게 잘못 살면 불행한 것이다.

스스로가 스스로를 구원하면서 끊임없이 정신수양을 하는 것이다. 스스로의 영혼을 아름답게 가꾸면서 영원히 살아가는 것이다. 우리의 숨이 곧 영혼이요, 사람이 하늘이다.
자기 자신 섬기기를 하늘같이 하라.
스스로가 하늘이 되면 스스로가 스스로를 구원하리라.
자기 목숨 섬기기를 하늘같이 하라. 그리하면 자기 구원의 길이 열리리라.

우리의 목숨이 영원히 살게 하려면 목숨이 끊어지는 순간 바로 태어나게 하라. 죽는 순간 바로 새 몸을 받고 보면 삶과 죽음이 하나요, 살아 숨 쉬는 목숨의 나와, 목숨의 숨이 숨어있는 영혼의 내가 하나가 된다. 헌 옷을 벗어버리고 바로 새 옷을 갈아입듯 영생(永生)을 하는 것이다. 영원히 살게 되는 것이다. 그래서 생(生)과 사(死)가 하나요, 불생불멸(不生不滅) 하는 것이요, 일시무시일(一始無始一), 일종무종일(一終無終一)이 되는 것이다. 사람이 바로 하나님이요, 하나의 님(몸)인 것이다. 하나님은 영생의 나인 것이다.

전생(前生)의 나와 금생(今生)의 나와 내생(來生)의 내가 하나인 하나님 자리를 알면 부처가 된다. 삼세인과(三世因果)를 깨치면 누구나 다 부처가 된다. 부처님은 지혜로운 나인 것이다.

자기 자신이 바로 하나님이요, 부처인 것을 알면 스스로가 자기 구원을 마쳤다 하리라.

8 인과(因果)는 인생이다

인과응보^(因果應報)의 진리란 우리의 삶이요, 인생이요, 생활이다. 선인선과^(善因善果)는 복락^(福樂)을 불러오고 악인악과^(惡因惡果)는 죄고^(罪苦)를 불러오기 때문이다.

우리가 일상생활 속에서 선인선과의 복락을 불러오기 위해서는 반드시 해야 할 것과 하지 말아야 할 것들을 끊임없이 잘 구분하여 잘 실천하는 노력과 지혜가 필요하다.

행복하게 잘 사는 사람들은 행복하게 잘 살 일만 골라서 잘 행^(行)하고, 불행하게 잘못 사는 사람들은 불행하게 잘못 살 일만 골라서 행한다. 따라서 부처님께서는 수행자로서 반드시 지키고 실천해야 할 덕목^(德目)으로 계문^(戒文)과 계률^(戒律)을 만드셨다. 지혜로운 영혼으로 영생^(永生)을 잘 살도록 하신 것이다.

인과를 깨치면 영생^(永生)이 보인다. 전생의 내가 금생과 다르지 않고, 금생의 나와 다음 생의 내가 다르지 않다. 전생의 내 삶이 금생의 내 모습이요, 금생의 내 삶이 다음 생의 내 모습이기 때문이다. 우리의 영혼이 영생을 하기 때문이다. 영혼불멸(靈魂不滅)이요, 불생불멸(不生不滅)이기 때문이다. 어제와 오늘과 내일을 한 묶음으로 살아가는 지혜가 필요한 것이다. 왜냐하면 어제의 올바른 선택들은 오늘을 더욱더 지혜롭게 이끌 것이고 오늘의 현명한 삶은 내일을 더욱더 행복하게 만들어가기 때문이다.

우리가 자기 자신의 삶을 향상시키고 자기 자신의 영혼을 진급(진화)시키기 위해서는 반드시 실행해야 할 것들은 죽기로써 실천하고 해서는 아니될 것들은 반드시 죽기로써 실행하지 말아야 하는 것이다.

모든 종교인과 수행자뿐 아니라 인간 누구나 다 다음의 기본적인 다섯 가지 계률을 잘 지키고 보면 지금보다 더 윤택해지고, 더 행복해지고, 더 아름다운 영혼으로 잘 살아갈 수 있을 것이다.

1. 살생을 하지 말고 자비심과 사랑을 간직하라.
2. 도둑질을 하지 말고 주고 베풀고 함께 잘 살라.
3. 남녀 간에 진실로 사랑하라. 가장 가까운 사이에서 원수가 되기도 하고 은인이 되기도 하기 때문이다.
4. 거짓말을 하지 말고 진실만을 말하며 진실하게 잘 살라.
5. 건강을 상하게 하는 음식을 삼가고 지혜를 어둡게 하는 행

실을 하지 말라. 술, 담배, 마약, 잡기, 오락 등을 지나치게
하지 말라.

사람의 목숨을 죽이거나 생명을 가진 모든 생명체를 함부로 해
칠 경우에는 다음과 같은 불편한 결과를 초래한다.
1. 눈, 귀, 코나 관절 등에 이상이 생겨 몸이 자유롭지가 못
   하다.
2. 평생을 두고 병고에 시달린다.
3. 남에게 불쾌감을 주는 관상을 타고 나거나 눈에 살기가
   감돈다.
4. 매사에 능률이 오르지 않는다.
5. 작은 위험 앞에서도 지레 겁을 먹거나 광기를 부른다.
6. 남의 손에 죽거나 제 손으로 목숨을 끊는다^(자살).
7. 친구가 없고 애인도 없다.
8. 사고사를 당하는 등 천수를 누리지 못한다.
9. 인과의 진리가 매하여져서 진급의 길이 막히게 된다.
10.양심이 죽게 되어 어리석은 영혼으로 변하게 된다.

도둑질을 하는 사람이나 도둑질하는 버릇을 가진 사람은 다음
과 같은 액운이 나타난다.
1. 항상 빈곤한 생활에서 벗어나지 못한다. 도둑질은 가난을
   부른다.
2. 장애가 많고 고통이 많다. 마장과 어려움이 많고 고통과 아
   픔이 뒤따른다.

3. 항상 불만족으로, 불평불만이 많다. 항상 가난에 허덕이고 불만이 많고 불평투성이다.
4. 사업상 손해보는 일이 많이 발생한다. 되는 일이 별로 없고 헤맨다.
5. 망나니 자식을 두게 된다.
6. 심술궂은 어른을 모셔야 한다.
7. 심술사나운 윗분을 모시게 된다.
8. 도둑질과 손을 잡으면 가난을 몰고 온다.

성폭행 등 원하지 않는 남녀 관계는 결국 상극의 악연으로 이어진다. 그러므로 남녀 간에 원망심이나 원한(怨恨)을 심어주게 되면 다음과 같은 불길한 조짐이 뒤따른다. 왜냐하면 여자가 남자가 되고, 남자가 여자가 되어, 아주 가까운 사이가 된다. 그리하여 악순환의 인간관계가 계속되기 때문이다.
1. 적개심을 품은 사람들이 가까이에 끼어든다.
2. 많은 적과 원수를 만들게 된다. 상극의 악순환이 계속 이어진다.
3. 노력에 비해 보상과 수입이 턱없이 작다.
4. 마음의 평화와 행복감이 사라진다. 남의 마음을 아프게 하면 행복이 도망간다.
5. 동물이나 곤충의 몸속에 갇혀서 영혼의 진급의 길이 막히게 된다. 또한 인간의 몸을 받았다 하더라도 보잘것없는 집안에 태어나서 고생이 많게 된다.
6. 창피와 모욕을 수없이 감당해야 된다.

7. 인격적 결함이 두드러지게 눈에 띈다.
8. 자잘한 근심 걱정이 끊일 사이가 없다.
9. 정든 사람과의 헤어짐이 자주 있게 된다.

거짓말을 많이 하게 되면 다음과 같은 불길한 일이 생겨난다.
1. 말을 더듬게 된다.
2. 치아가 고르지 못하고 뻐드렁니가 많이 생긴다.
3. 입냄새가 심하게 난다.
4. 피부의 윤기가 없이 말라빠지고 얄팍하다.
5. 시력, 청력 등이 약하고 둔감하다.
6. 타인에게 권위가 없어 보이고 천하게 보인다.
7. 말씨가 거칠고 흉물스럽다.
8. 실수가 잦고 사고가 많다.
9. 남에게 잘 속는다.

술, 담배, 마약, 잡기, 오락 등에 빠지게 되면 다음과 같은 장애가 생겨난다.
1. 자신의 행위에 대한 판단 기준이 흐려진다.
2. 게으름, 나태, 무기력증에 빠지고 열등의식에 빠지기 쉽다.
3. 건망증과 미치는 지경에 빠지기 쉽다.
4. 친절과 사랑을 받아도 감사의 말을 모른다.
5. 도덕적 수치심이나 겁이 없어진다.
6. 불건전한 행위나 함정에 쉽게 빠져든다.
7. 술, 담배, 마약과의 입맞춤은 죽음과의 포옹이다.

우리가 생사윤회를 알고, 삼세인과를 깨치고, 금생의 지나온
삶을 알고, 지금의 자기 자신을 알면, 아름다운 인생이 보인다.
빛나는 영혼으로 영생의 길이 열리게 된다.
불생불멸의 영혼으로 영원히 잘 살 것이다.

9 서방정토(西方淨土)는 어디일까?

불교에서는 정신 수양 공부로 염불(念佛)과 좌선(坐禪, 參禪)을 하고 있는데 염불이란 아미타불(阿彌陀佛)의 명호(名號)인 나무아미타불(南無阿彌陀佛)을 일심(一心)으로 부르면서 천만(千萬) 가지로 흩어진 생각들을 청정일념(淸淨一念)으로 만드는 공부를 말한다.

염불공부란 우리 내면의 자성불(自性佛)인 아미타불을 일깨우는 공부요, 아미타불을 관(觀)하는 공부요, 아미타불과 합일(合一)하는 공부다. 염불은 자기 불공(佛供)으로 나무아미타불을 부르면서 자기 내면의 자기 부처님과 하나가 되는 것이다. 자기 부처님을 친견하게 되면 염불을 멈추고 자기 부처님과 함께 숨을 쉬어야 한다. 그리하면 불공이 된다. 자기 부처님과 함께 살게 된다. 부처가 된다.

우리의 영혼은 영원하기 때문에 우리 자신이 무량수불이요, 아미타불이다. 우리의 자성에 무명번뇌와 어리석음으로 불(佛)이 꺼져 있으면 중생이요, 우리의 자성에 지혜광명으로 불이 켜져 있으면 아미타불이요, 부처인 것이다.

아미타불(無量壽佛, 무량수불)은 서방정토 극락세계에 머물면서 설법을 하는 부처님이시다.

여기에서 말하는 서방정토(西方淨土) 극락세계란 서쪽(西方) 나라의 고요한 땅이요, 서쪽의 고요하고 안락한 극락세계요, 아미타불이 머무는 곳이다.

서방정토란 아미타불의 극락세계로 무량수불(無量壽佛)을 의미하며 무량수불이란 불생불멸(不生不滅)의 道를 깨치신 부처님이시다. 무량수불이란 우리 생명의 근원인 영혼이 영원하다는 뜻이요, 끊임없는 정신의 수양으로 우리의 영혼이 아름답게 빛나도록 하라는 뜻이요, 언제 어디서나 우리의 영혼이 지혜의 광명으로 늘 깨어 있으라는 말이다.

서쪽은 해가 지는 어둠의 밤이요, 침묵(沈黙, 入定, 禪定)으로 나가대정(那伽大定=큰 정)에 들라는 의미이다. 다시 말해서 끊임없는 선정(禪定) 공부로 지혜광명을 크게 밝혀 원만한 부처를 이루라는 말이다. 따라서 우리의 잠자리가 서방정토요, 잠자리에서 살아 있으되 살아 숨 쉬는 것을 잊고 잠자는 시간이 바로 극락세계인 것이다.

어둠의 잠자리가 서방정토요, 나가대정이 극락세계인 것이다. 한밤중에 살아 숨 쉬고 있으되, 죽은 듯이 고요하게 살아 숨 쉬는 입정(入定)의 세계를 말한다. 우리의 의식과 기운과 마음과 생각들과 호흡이 멈추는 시간인 밤에 잠자는 시간(잠자리)으로, 걱정도 괴로움도 꿈도 사라진 평화 안락한 낙원세계를 말한다.

우리가 서방정토 극락세계를 그토록 꿈꾸고 갈망하는 것은 어쩌면 언제 어디서나 우리 본래의 참 모습인 깨어있는 마음으로 잘 살라는 의미가 아닐까 싶다.

잘 먹고, 잘 배출하고, 잘 자고, 잘 일어나서, 일 잘 하며 즐겁게 잘 사는 것이 서방정토 극락세계의 주인공들이 해야 할 일들이다. 우리 몸속 수억만 개의 세포 생명체들과 몸속 육장육부들이 '아! 참 행복합니다'라고 한다면 참으로 행복한 사람일 것이다. 또한 우리 일상생활 속에서 만나는 인연들마다 '참, 행복합니다!', '행복하세요!'라고 인사한다면 참으로 살기 좋은 세상일 것이다.

불(佛)이 켜 있으면 누구나 다 부처다. 지혜로운 참 나로 살아간다면 누구나 다 부처님이다.

부처 불(佛) 자는 지혜로움이요, 깨달을 각(覺) 자로 우주의 진리를 크게 깨달아 우주와 더불어 자연스럽게 잘 살면 누구나 다 부처요, 부처님이다. 영혼불멸의 진리를 깨치면 누구나 다 부처다.

깨달음의 마음으로 살고, 지혜광명으로 살면, 불보살의 삶을 살 수가 있다. 참으로 좋은 사람들이 될 것이다. 참으로 살기 좋은 세상이 될 것이다.

10 말세(末世)를 알면
살 길이 보인다

부처님께서 열반에 드실 즈음에 천이백 보살들이 부처님 처소에 찾아와서 '널리 미래의 말세중생(末世衆生)들을 위하여 한 말씀하여 주시옵소서.' 하였다.

"말세중생은 돈과 재물과 금은보패를 탐하고 처자 권속에 애착하여 나의 법을 듣지 아니할 것이다.
내 이에 대하여 말하기를 원하지 아니하노라."

이에 보살들이 '간절히 원하옵나니 한 말씀하여 주시옵소서.' 하였더니, 정법(正法-교 · 행 · 증득=500=가르침과 실행과 깨달음과 증득)인 수행의 시대와 상법(像法-교 · 행=1,000년=가르침과 실행)인 신앙의 시대가 지나고 계법(戒法=末法=說=설교=3,000년)인 장사꾼 시대가 돌아오게 되면 마군의 무리가 사문(沙門, 스님 · 중)이 되어 나의 법을 무너뜨리고 어지럽게 하리니 사문들(스님들)의 행동으로는 다음과 같다고 하였다.

1. 승려의 처지에 있어서 속인의 옷^(服-복)입기를 좋아할 것이요,
2. 가사^(袈裟-법복)는 오색 가사^(화려하게)를 입을 것이며,
3. 술을 마시고 고기를 먹을 것이며,
4. 다른 사람을 비방하고 업신여기며,
5. 참 중^(스님)은 들^(시중, 세상 속)에 있고 거짓 중은 산에 들며,
6. 법을 설하는 강사^(법사)가 술을 마시고 강단에 올라서 조금도 계행을 닦지 아니하며,
7. 중은 부처를 공경하지 아니하고, 속인은 중을 공경하지 아니하며,
8. 모든 인심이 인과를 믿지 아니하고 외도학설만 보기를 좋아하며,
9. 스승을 능멸하고, 부모를 꾸짖으며,
10. 하늘이 슬피 울고, 비바람이 고르지 못하며 흉년이 들 것이며,
11. 고통을 받는 중에서도 정법 선연을 만나지 못하여 편안한 세상에 나올 기약이 없구나.

부처님께서는 슬퍼하시며 다시 말씀하여 가로되, 말세중생이 어찌하여야 이 고통 속에서 벗어날 것인가. 말세의 고통 속에서 벗어나오기로 하자면 다음과 같다고 하였다.

1. 참선^(參禪)이니,
   각자의 불성^(본성)을 연마하여 생로병사와 인과보응의 진리를 깨닫는 인연을 만나는 일이다.

자성(自性)의 등불이 꺼지지 않도록 잘 관리하는 일이다.
영혼의 혼불이 꺼지지 않게 하는 일이다.

2. 염불(念佛)이니,
   각자의 올바른 일심(一心)을 주장하여 모든 번뇌와 일체망상
   을 소멸하는 인연을 만나는 일이다.
   언제 어디서나 청정일념(淸淨一念)으로 올바른 삶을 사는 일이
   다.
   지혜로움으로 슬기롭게 잘 살아가는 일이다.

3. 자선(慈善)이니,
   일용 행사에 항상 선심(善心)을 주장하여 널리 세상을 이롭게
   하는 인연을 만나는 일이다.
   자리이타(自利利他) 상부상조(相扶相助)의 마음으로 잘 살아가는 일
   이다. 자비심과 보시심으로 행복하게 잘 살아가는 일이다.

4. 그리하여야 고통속에서 벗어날 수 있으며 미래 세상의 주인
   이 되리라.

5. 참다운 숨공부로 각자 각자의 영혼을 아름답게 향상시키
   는 일에 숨은 노력을 아끼지 말아야 하리라.

또한 다음과 같은 다섯 종류의 혼란스러운 현상이 나타난다고
했다.

1. 겁탁(劫濁)이다.

세상이 온통 사악하고 험악하고 불길하고 불안하여 더럽다는 이야기다. 천재(天災)와 인재(人災)등으로 기근과 질병들이 연달아 일어나 사회가 매우 혼란스럽다.

2. 견탁(見濁)이다.

가지가지의 사악한 사상(思想)과 견해가 판을 치고 번창하여 혼란스럽다.

3. 번뇌탁(煩惱濁)이다.

탐진치 삼독심(三毒心) 등 가지가지의 정신적 악덕(惡德)이 흘러넘친다.

4. 중생탁(衆生濁)이다.

중생들의 자질이 매우 낮아서, 사람들의 몸과 마음이 인간 이하로 현저하게 떨어져 형편없는 삶을 살게 된다.

5. 명탁(命濁)이다.

자살과 타살과 병고나 교통사고나 안전사고 등으로 빨리 죽는 사람들이 많아진다. 또한 아프고 고통스럽게 오래오래 살게 되는 경우도 늘어난다. 몸과 마음이 병들고 아파서 불행하고 고통스럽게 오래도록 살아간다.

중국의 순자(荀子)께서도 세상이 어지러워지면 다음과 같이 된다
고 하였다.

1. 그 복(服)은 조(組)하고, 말세가 되면 사람의 옷들이 화려해지
고, 사치스럽고, 난해해진다.

2. 그 용(容)은 부(婦)하고, 말세가 되면 남자들이 중성화되어 여
   성스럽고, 여자들은 나이를 구별할 수 없을 정도로 꾸미게
   되며, 남녀를 구분하기가 힘들어진다.

3. 그 속(俗)은 음(淫)하고, 말세가 되면 세상의 풍속이 문란하고
   음란하고 속되다.

4. 그 지(志)는 이(利)하고, 남이나 나라를 위하는 사람은 귀하고
   제 욕심만을 채우기에 바쁘다.

5. 그 성락(聲樂)은 험(險)하고, 말세가 되면 음악과 오락 게임들이
   절도를 잃고 미친듯이 요란하고 거칠게 된다.

요즘 세상 돌아가는 현상을 보노라면 '말세로구나 말세야!' 이
런 말들이 절로 나온다. 막가는 세상, 막다른 세상, 뭘 보거나
듣고 싶지 않은 세상의 한가운데에 서 있다는 느낌이 든다.

또 다른 한편으로 생각해보면 먹구름의 어두운 세상이 지나고

밝고 희망찬 새 세상이 돌아오고 있음을 느낀다. 어쩌면 새로운 좋은 세상이 빠르게 빠르게 돌아오고 있다는 기쁜 소식이라는 느낌도 든다.

잘 참고, 잘 견디고, 잘 노력해서, 미래 세상의 주인공들이 되었으면, 참으로 좋겠다. 불생불멸의 영혼 공부로 새 세상의 주인들이 되었으면 참으로 좋겠다.

태중호흡 숨공부로 영생의 주인공들이 되길 간절히 기원해 본다.

11_ 반야심경 이야기

반야심경은 불교의 핵심경전이요, 지혜의 경전이다. 석가모니 부처님께서 깨치신 진리의 내용을 요약한 경전인 것이다. 반야심경은 육바라밀(六波羅蜜)로 지혜광명을 닦고, 팔정도로 12인연법인 삼세인과를 깨쳐서 불생불멸의 영혼으로 영원히 잘 살라는 내용이다. 성불제중(成佛濟衆)의 큰 서원을 이루라는 기도문인 것이다. 반야심경은 지혜제일의 사리불에게 하신 법문이다.

지혜광명이란 밝음의 빛인 신명(神明)이요, 공적영지(空寂靈知)의 광명(光明)이다. 지혜로운 영혼인 신령스러운 앎이요, 살아있는 양심인 것이다. 지혜의 광명을 따라 대소유무(大小有無)의 분별(分別)이 나타나고 선악업보(善惡業報)의 차별(差別)이 생겨나서 생사를 초월하고 선인선과의 복락을 누리게 된다.

반야심경은 텅 빈 공(空)의 세계, 가득 찬 현상 세계, 끊임없이 변화하는 세계를 설(說)하고 있다.

텅빈 무(無)의 세계는 텅빈 공(空)의 진리요, 아무것도 없는 텅 빈 공의 세계는 가득 찬 진공(眞空)의 세계로 아주 빠른 속도로 끊임없이 움직이면서 변화하기 때문에 아무것도 없는 공(空)인 것 같지만 실제로는 가득 찬 텅 빔(眞空)인 것이다.

우리가 말하는 道란 한순간도 멈추거나 고정됨이 없이 끊임없이 변화하면서 움직인다(動).

변하는 것은 산 道요, 고정된 것은 죽은 道다. 참된 道란 한순간도 머물지 않는다. 끊임없이 움직이며 변화한다.
따라서 道란 끊임없이 변(變)하는 진리로 끊임없이 변한다고 하는 것은 변함이 없는 것이며 변한다고 하는 것은 영원한 것이다.

반야심경은 변한다고 하는 것은 영원한 것이며 아무것도 없는 텅 빈 것 같이 가득 찬 가운데 끊임없이 변화하는 진리의 세계를 말하고 있다. 텅 빈 것은 가득 찬 것이요, 텅 빈 가운데 가득 찬 상태에서 끊임없이 변화하는 것은 영원하다.

만물의 근원은 빛이다. 밝음의 빛과 어둠의 빛으로 낮과 밤이 구분된다. 밤과 낮의 변화 속에서 밝음과 어둠과 따뜻함과 차가움이 생겨나서 풍운우로상설과 춘하추동을 낳고, 만물의 생로병사를 따라 끊임없이 변화한다.

이러한 변화는 열 가지의 색과 빛으로 나타난다.

우선 무지개 색깔인 빨강, 주황, 노랑, 초록, 파랑, 남색, 보라색이 있고, 여기에 흰색과 검정색과 무색(無色)이 있다.

10가지 색은 곧 우주를 말한 것이요, 우주의 변화로 우주만유(宇宙萬有)요, 삼라만상(森羅萬象)이요, 시방세계(十方世界)다.

색(色)은 빛(光)으로 세상만물은 저마다의 빛과 색이 있다. 색과 빛의 변화가 바로 우주의 변화요, 세상만물의 변화이며, 만물의 생로병사를 말한 것이다.

그래서 반야심경에서는 '색즉시공(色卽是空)이요, 공즉시색(空卽是色)이며, 색불이공(色不異空)이요, 공불이색(空不異色)이니라. 그러므로 불생불멸(不生不滅)이요, 불구부정(不垢不淨)이요, 부증불감(不增不減)이니라.'라고 했다.

자비제일(慈悲第一)의 관세음보살(觀世音菩薩)이 무상대도(無上大道)를 깊이 수행할 때 몸과 마음이 모두 텅 비었음을 깨닫고는 모든 분별과 집착과 의혹으로부터 완전히 벗어날 수 있었도다.

지혜제일(智慧第一)의 사리불(舍利佛)이여!

나타난 현상 세계는 모두가 다 텅 빈 무의 세계와 다르지 않고, 텅 빈 무의 세계는 나타난 현상 세계와 다르지 않나니, 나타난 있음의 세계는 텅빈 무의 세계요, 없음은 곧 있음과 같나니라. 우리의 몸과 마음도 또한 이와 같으니라.

수행자들이여!

이 모든 현상의 본질은 시작도 끝도 낳음도 멸함도 없으며 더러움도 깨끗함도 늘어남도 줄어듦도 없나니라.

그러므로 진리와 道의 본질 속에는 있음도 없고, 없음도 없고, 유도 아니요, 무도 아니며, 몸도 없고, 마음도 없고, 남자도 없고, 여자도 없고, 사람도 짐승도 없느니라.

눈과 코와 귀와 입과 몸과 마음도 없으며 빛과 소리와 냄새와 맛과 감촉과 욕망도 없다. 사심잡념과 번뇌망상도 없고, 성품이다 성불이다 부처다 중생이다 하는 것도 없느니라.

무명(無明)도 없으며, 어리석음도, 지혜로움도, 생로병사도, 윤회도, 영생도 없느니라.

고통과 집착과 해탈도 없으며 지혜와 광명과 깨달음도 없느니라. 또한 깨달음의 성취도 없고 깨닫지 못한 아쉬움도 없느니라. 그러므로 참다운 수행자는 오직 자성광명과 지혜광명인 반야바라밀다에만 의지할 뿐이다.

자성광명이란 깨달음이요, 지혜광명이란 우주의 근원을 의미한다. 그러므로 그 마음이 어느 것에도 걸리지 않고 막힘이 없으며 언제나 자유자재하고 여여자연(如如自然)하니라.

우리의 몸과 마음이 어느 것에도 걸리지 않고 막힘이 없으므로

그 어떤 두려움도 없으며 그 어떤 유혹과 그 어떤 마장(魔障)으로
부터도 완전히 떠났느니라.

과거와 현재와 미래의 모든 수행자와 모든 부처님께서도 오직
자성광명과 지혜광명에 의지하여 완전한 깨달음을 얻었느니
라. 그러므로 알아야 하느니라. 자성광명과 지혜광명은 모든
수행자의 꿈이자 이상이요, 처음 시작이자 마지막 끝이다. 세
상만물의 근원은 모름지기 빛으로 자성광명이요, 지혜광명이
니라. 우주만유가 다 빛이요, 삼라만상이 모두 다 빛으로, 이것
을 일러 반야바라밀다(般若波羅蜜多)라 하느니라.

그러므로 반야바라밀다는 능히 모든 고통과 욕망으로부터 완
전히 벗어나게 하며 모든 분별심(分別心)과 주착심(住着心)을 완전히
끊고 벗어나게 해서 오직 공적영지(空寂靈知)의 광명(光明)으로 우주
를 밝게 비추느니라.

건너가세 건너가세, 깨달음의 세계로 건너가세. 너도 가고 나
도 가고, 모두 모두 어서 어서 빨리 빨리 건너가세.

우리 몸과 마음으로부터 완전히 벗어나고, 생로병사로부터 완
전히 벗어나고, 아상(我相)과 인상(人相)과 중생상(衆生相)과 수자상(壽
者相)으로부터도 완전히 벗어나세.

우리 다함께 더 높이 더 멀리 벗어나세. 깨달음이여 영원하라.
수행자들이여 영원하라.

반야심경은 석가모니 부처님의 마음이요, 깨달음이다.
주문(呪文)이 아니므로 반야심경을 지나치게 신성시한다거나
주문화하면, 반야심경을 죽이는 결과를 초래하고 말 것이다.

반야심경은 어디까지나 道를 구(求)하는 지도(地圖)요, 道를 찾아
가는 나침반이다.
수행자들이여! 깨달음에 의지하고 부처님의 지혜광명에 의지
하라. 자신의 본성(本性)인 자성광명에 의지하라.

변하는 것은 산 것이요, 고정된 것은 죽은 것이다. 석가모니 부
처님의 마음과 깨달음을 고정시키지 말고, 죽이지 말라.
부처님의 깨달음이여! 영원하라.

12 _ 반야심경(般若心經)

원문

관자재보살(觀自在菩薩)이 행심반야바라밀다시(行深般若波羅蜜多時)에 조견오온개공(照見五蘊皆空)하시고, 도일체고액(度一切苦厄)하셨느니라.

사리자(舍利子)여!
색불이공(色不異空)이요, 공불이색(空不異色)이니, 색즉시공(色卽是空)이요, 공즉시색(空卽是色)이니라. 수상행식(受想行識)도 역부여시(亦復如是)니라.

사리자(舍利子)여!
시제법(是諸法)의 공상(空相)은 불생불멸(不生不滅)이며, 불구부정(不垢不淨)이요, 부증불감(不增不減)이니라. 시고(是故)로 공중(空中)에는 무색(無色)이며, 무수상행식(無受想行識)이니라.

무안이비설신의(無眼耳鼻舌身意)며, 무색성향미촉법(無色聲香味觸法)이며, 무안계(無眼界)며, 내지무의식계(乃至無意識界)이니라.

무무명(無無明)이며, 역무무명진(亦無無明盡)이며, 내지무노사(乃至無老死)며, 역무노사진(亦無老死盡)이니라. 무고집멸도(無苦集滅道)며, 무지역무득(無智亦無得)이니라.

이무소득고(以無所得故)로, 보리살타(菩提薩埵)는 의반야바라밀다고(依般若波羅蜜多故)로 심무가애(心無罣礙)니라.

무과애고(無罣礙故)로, 무유공포(無有恐怖)며, 원리전도몽상(遠離顚倒夢想)이며, 구경열반(究竟涅槃)이니라.

삼세제불(三世諸佛)도 의반야바라밀다고(依般若波羅蜜多故)로 득아뇩다라삼막삼보리(得阿耨多羅三藐三菩提)니라.

고지반야바라밀다(故知般若波羅蜜多)는 시대신주(是大神呪)며, 시대명주(是大明呪)며, 시무상주(是無上呪)며, 시무등등주(是無等等呪)니라.

능제일체고(能除一切苦)며, 진실불허(眞實不虛)니, 고(故)로 설반야바라밀다주(說般若波羅蜜多呪)하느니라.

즉설주왈(卽說呪曰) 아제아제(揭諦揭諦) 바라아제(波羅揭諦) 바라승아제(波羅僧揭諦) 모지(菩提) 사바하(娑婆訶)

※ 당(唐)나라, 현장법사(玄奘法師) 역(譯)

13 반야심경 해석

관자재보살^(=관세음보살)이 깊은 반야바라밀다를 수행할 때에 오온^(五蘊)이 모두 비었음을 그윽히 보시고 이 모든 고난에서 벗어났느니라.

사리자여!
색^(色)은 공^(空)과 다르지 않고 공은 색과 다르지 않나니, 색은 곧 공이요, 공은 곧 색이니라. 수상행식^(受想行識)도 이와 같으니라.

사리자여!
이 모든 현상^(諸法 제법)의 본질^(空相 공상)은 나지도 않으며 멸하지도 않으며, 더럽지도 않으며, 깨끗하지도 않으며, 증가하지도 않으며, 감소하지도 않느니라. 그러므로 그 본질 속에는 색^(色)도 없으며 수상행식도 없느니라.

안이비설신의(眼耳鼻舌身意) 육근(六根)도 없으며, 색성향미촉법(色聲香味觸法) 육경(六境)도 없으며, 안계(眼界)도 없으며, 내지 의식계(意識界) 육식(六識)도 없느니라.

무명(無明)도 없으며, 또한 무명이 다함도 없으며, 내지 노사(老死)도 없으며, 또한 노사의 다함인 십이인연(十二因緣)도 없느니라.

고집멸도(苦集滅道) 사제(四諦)도 없으며 지(智)인 육바라밀(六波羅蜜)도 없느니라.

깨달음의 성취도 없고 또한 깨달음의 비성취(非成就)도 없느니라. 그러므로 보살(菩提薩埵)은 오직 반야바라밀다에만 의지하느니라. 그 마음이 어느 것에도 걸림이 없느니라.

마음이 어느 것에도 걸리지 않으므로 두려움이 없으며 이 모든 미몽(迷夢)으로부터 떠났느니라.

과거, 현재, 그리고 미래의 모든 부처님도 이 반야바라밀다에 의지했으므로(의지하므로) 완전한 깨달음인 아뇩다라삼막삼보리(阿耨多羅三藐三菩提)를 얻었느니라(얻을 수 있느니라).
그러므로 알아야 하느니라.

반야바라밀다는 대신주(大神呪)며, 대명주(大明呪)며, 무상주(無上呪)며, 무등등주(無等等呪)라는 사실을 알아야 하느니라.

반야바라밀다는 능히 이 모든 고난을 없애주며 거짓이 없는 진실이니 여기에 반야바라밀다의 주문^(呪文)을 설^(說)하느니라.

아제아제^(揭諦揭諦) 바라아제^(波羅揭諦) 바라승아제^(波羅僧揭諦) 모지사바하^(菩提娑婆訶)

14_ 반야심경의
또 다른 이름들

1. 불설마하반야바라밀다심경^(佛說摩訶般若波羅蜜多心經)
   인도 및 동남아시아 지방에서 사용한다.

2. 마하반야바라밀다심경^(摩訶般若波羅蜜多心經)
   일본에서 주로 사용하는 명칭이다.

3. 반야바라밀다심경^(般若波羅蜜多心經)
   중국에서 사용하는 이름으로, 현장법사^(玄奘法師)와 법장^(法藏),
   혜충^(慧忠) 등이 사용했다.

4. 반야심경^(般若心經)
   우리나라에서 주로 사용, 신라시대^(新羅時代)의 원효^(元曉) 대사께
   서 사용했다.

5. 심경^(心經)

일반적으로 반야심경을 줄여서 그냥 심경이라고 한다.

〈 반야심경에 쓰인 용어 〉

불설(佛說) : 깨달은 자(覺者)의 말씀.

마하(摩訶) : 모든 존재의 원점으로 공(空), 또는 제로(0)다.
끝없이 매우 크다(大)는 의미이다. 우주의 진리는 매우 빠르게
변화하기때문에 공이요, 제로(0)인 것이다.
마하(摩訶)에서 반야(般若)가 나온다고 봄.

반야(般若) : 무분별지(無分別智)로 아무것도 없는 곳에서 나오는 지
혜를 의미한다.
공적영지(空寂靈知)의 광명(光明)이다.

바라밀다(波羅蜜多) : 완성(完成)으로 피안에 도달한 지혜의 완성이
다.

심(心) : 반야의 지혜를 각득하는 데 가장 기본이 되고 근본이 되
는 원천이다.

경(經) : 계경(契經)의 준말로써, 진리와 계합(契合)한 경이라는 뜻이
다. 경이란 우주만유(宇宙萬有)와 세상만물과 일체생령과 모두 소
통하고 있다는 말이다.

15 _ 석가모니와 반야심경

석가모니 부처님께서는 48년 동안 수많은 설법^(說法 말씀)을 하셨다.

1. 보리수 나무 아래서 깨달음을 얻은 후 21일 동안 깨달음 그 자체를 깊이 명상하셨다. 이것을 언어로 기술해 놓은 것이 화엄경^(華嚴經)으로 화엄종의 경전이다.

2. 아함경^(阿含經)을 12년 동안 설하셨는데, 아함경은 소승불교의 경전으로서 욕망의 절제 등을 설하고 있다. 고집멸도^(苦集滅道) 사제^(四諦)와 12연기 법문이 중심을 이루고 있다.

3. 화엄경과 아함경을 합하여 대방광불화엄경^(大方廣佛華嚴經)이라고도 한다.

4. 방등경^(方等經)을 8년 동안 설하셨는데, 방등경은 대승불교의 경전으로 연기^(緣起)의 법칙^(法則)에 대해서 설명하고 있다.

5. 반야경^(般若經)을 21년 동안 설하셨는데, 반야경 600권이 여기
에 해당된다. 600권의 골수가 반야심경^(260자)이요, 불교 교리
의 정수라 하겠다. 석가모니 부처님께서는 반야심경을 설하
기 위하여 사리자^(舍利子)라는 높은 의식의 영혼이 나타나기를
기다렸다. 사실 사리자가 없었더라면 반야심경이 없었을 것
이다.

6. 법화경^(法華經)을 8년 동안 설하셨는데, 일명 묘법연화경^{(妙法蓮}
^{華經)}이라고도 한다. 일체중생개유불성^(一切衆生皆有佛性)을 설명하
고 있으며, 대승불교의 대표적 경전이다.

7. 석가모니 부처님께서는 48년 동안 무량법문을 설하셨으
나, 최후에는 한 법도 설한 바 없다고 하셨다. 문자로 된
죽은 경전을 보지 말고, 천지대자연의 산 경전을 보라 하
신 것이다.

8. 부처님께서 48년 동안 설하신 수많은 말씀을 요약하면 다음
과 같다.

 1) 남과 더불어 착하게 잘 살라. 선한 사람들이 되라. 착하고
  선하게 살면 누구나 복을 받는다.
 2) 서로를 시기 질투하고 헐뜯으며 악하게 살지 말라. 어리석
  음의 무명^(無明)에 빠져서 불행해진다.
 3) 부지런히 道를 닦아라. 오래도록 건강하고 행복하고 평화

롭게 잘 살려면, 부지런히 道를 닦아서 부처로, 불보살로 진급을 하라.

이것을 다시 요약하면 다음과 같다.

불생불멸(不生不滅)의 영원한 진리를 깨쳐라.
생함도 멸함도 없고, 시작도 끝도 없이 끊임없이 변하는 진리를 깨쳐라.

음양상승(陰陽相勝)의 道를 따라 선행자(善行者)는 후일에 상생(相生)의 결과로 건강하고, 행복하고, 평화롭게 되고, 진급을 하게 된다. 악행자는 후일에 상극의 악순환 속에서 고통받고, 불행하고, 괴롭고, 강급을 하게 된다. 따라서 불생불멸의 영원한 道를 씨줄 삼고 인과응보의 진리를 날줄 삼아서 원하는 바 불보살의 꿈을 원만히 이루라고 하신 것이다.

불생불멸(不生不滅)의 영혼(靈魂)으로 선인선과(善因善果)의 복락(福樂)을 오래도록 잘 누리라는 것이다. 아름다운 영혼으로 영생을 하라는 말이다.

16 불교의 기본교리

모든 성자와 철인은 지금까지 우주의 진리^(道), 자연의 섭리^(이치), 세상만물과의 관계, 세상을 사는 지혜, 사람의 도리^(道理) 등을 깨우치고 가르쳐 왔는데, 이를 요약하면 불생불멸^(不生不滅)의 道요, 인과보응^(因果報應)의 이치^(理致)이다.

불생불멸의 진리란 색불이공 공불이색^(色不異空 空不異色), 유(有)와 무(無)가 다르지 않고, 색즉시공 공즉시색^(色卽是空 空卽是色), 유와 무가 하나요, 불구부정 부증불감^(不垢不淨 不增不減), 더러움도 없고 깨끗함도 없고, 늘어남도 없고 줄어듦도 없으며, 일시무시일 일종무종일^(一始無始一 一終無終一), 하나로 시작하였으나 그 하나로 시작한 바가 없고, 하나로 마쳤으나 그 하나로 마친 바가 없다는 뜻이다.

우주의 진리는 끊임없이 변화한다. 변화한다고 하는 것은 영원하고 불변하기 때문에 불생불멸인 것이다.

인과보응의 이치란 십이인연법(十二因緣法)으로, 무명의 어리석음으로 살면 고통과 괴로움과 불행이 한량없이 뒤따르고, 지혜의 광명으로 살면 즐거움과 기쁨과 행복이 한량없이 계속되므로, 괴로움의 고해에서 벗어나라는 말이다. 지혜의 광명에 의지하여 부처의 꿈을 이루라는 뜻이다. 행복하게 잘 사는 사람은 현명하게도 행복하게 잘 살 일만 골라서 행하고, 불행하고 고통스럽게 사는 사람은 어리석게도 불행할 일만 골라서 행하여 결국은 악도윤회에서 벗어나지를 못한다는 것이다.

석가모니 부처님께서는 일생 동안 삼법인(三法印)과 사성제(四聖諦), 팔정도(八正道)와 십이인연(十二因緣)에 대한 법문을 설(說)하셨다.

삼법인(三法印)은 제행무상(諸行無常), 제법무아(諸法無我), 열반적정(涅槃寂靜)이다. 제행무상(諸行無常)은 인생살이가 어찌보면 참으로 부질없고 무상한 것이라는 뜻이다. 제법무아(諸法無我)는 인간이 인간을 위해서 만든 법과 제도와 과학문명들이 결국은 인간의 행복과 편리함을 위한 도구(道具)일 뿐 참 나의 모습은 아니라는 것이다. 열반적정(涅槃寂靜)은 모든 번뇌가 사라진 상태를 말하는 것으로, 결국 불생불멸의 진리인 열반(Nirvāna, 寂滅, 滅度, 解脫)의 세계에 드는 것이 인생 최고의 행복이요, 참 삶의 길이라는 것이며, 열반적정이 불교 최고의 이상세계다.

사성제(四聖諦)는 고제(苦諦), 집제(集諦), 멸제(滅諦), 도제(道諦)다. 고제(苦諦)란 현실의 괴로움을 나타낸 것으로 생로병사와 애별이고(愛別

離苦), 원증회고^(怨憎會苦), 오음성고^(五陰盛苦), 구불득고^(求不得苦)를 말한다.

집제^(集諦)란 괴로울 수밖에 없는 원인은 바로 집착이다. 탐진치와 재색명리에 대한 집착과 속박이 바로 집^(集)이다.

멸제^(滅諦)란 깨달음의 목표인 열반^(涅槃)의 세계다. 재색명리와 시비이해의 속박에서 벗어나, 청정무구^(淸淨無垢)의 해탈을 얻자는 것이다. 도제^(道諦)란 해탈을 얻기 위한 구체적인 실천방법이 바로 팔정도다.

사성제란 어리석음으로 인하여 고통 속에서 살다가 결국은 고통스럽게 죽고 또다시 다음 생에도 고통스러운 삶이 지속되므로 고통의 악순환으로부터 벗어나 대자유의 해탈의 세계에 들라는 것이다.

팔정도란?
1. 바르게 보고 ^(正見) 2. 바르게 생각하고 ^(正思惟) 3. 바르게 말하고 ^(正語) 4. 바르게 행동하고 ^(正業) 5. 바른 수단으로 목숨을 유지하고 ^(正命) 6. 바르게 열심히 노력하고 ^(正精進) 7. 올바른 사상과 철학을 간직하고 ^(正念) 8. 바르게 마음을 안정시키는 수행을 하라 ^(正定)이다.

팔정도란 인생을 살되, 그냥 막 살 것이 아니라, 바르고 발라서 바를 것도 없는, 올바름으로, 지혜롭게 잘 사는 부처의 꿈을 이루고, 불보살의 삶을 살으라는 뜻이다.

따라서 바를 정(正)자가 바로 지혜(智慧)요, 광명(光明)으로, 지혜광명을 닦고 닦아서, 지혜광명으로 잘 살라는 것이다.

12인연이란?

1. 미혹(迷惑)의 근본적인 무지(無知)인 무명(無明)
2. 무명에 의해서 만들어지는 선악의 행업(行業)인 행(行)
3. 의식의 작용인 식(識)
4. 사람의 몸과 마음인 명색(名色)
5. 육근으로, 눈, 귀, 코, 혀, 몸, 뜻인 육입(六入)
6. 고락을 식별하는 작용인 육근의 접촉으로 촉(觸)
7. 죄고와 복락을 감수하는 감각인 수(受)
8. 고(苦)를 피하고, 항상 즐거움을 추구하는 근본욕망인 애(愛)
9. 자기가 원하는 것에 집착하는 작용인 취(取)
10. 애취(愛取)에 의해서, 가지가지의 업을 만들고, 미래의 결과를 만드는 작용인 유(有)
11. 태어남인 생(生)
12. 늙고 병들어 죽음인 노사(老死)이다.

전생에 무명의 어리석음으로 살다가 (1무명, 2행) 또다시 금생에 사람으로 태어나, 전생과 똑같이 무명의 어리석음으로 살게 되면 (3식, 4명색, 5육입, 6촉, 7수, 8애, 9취, 10유), 다음 생도 역시 (11생, 12노사) 또다시 사람으로 태어나서 살아간다하더라도, 삼세의 인과를 깨쳐서 지혜롭게 살지를 못한다면, 결국은 무명의 업력에서 오래도록 벗어나지를 못한다는 것이다. 악도윤회(惡道輪廻)에서 벗어날 수 없다는 말이다.

그래서 전생의 내 모습 내 삶이 금생의 내 모습이요, 금생의 내 모습 내 삶은 또다시 다음 생의 내 모습이 된다. 따라서 삼세의 인과를 깨쳐서 생사윤회의 업력에서 벗어나 지혜의 광명으로 영생을 잘 살라는 뜻이다. 영혼불멸(靈魂不滅)로, 선인선과의 복락을 오래도록 누리라는 것이다.

반야심경은 부처님께서 48년 동안 말씀하신 깨달음의 내용이 모두 함축되어 있기 때문에 참으로 위대한 경전이며, 신비롭고 경이로운 경전이다. 부처님께서는 불교의 기본교리를 바탕으로 하여 48년 동안 무량법문(無量法門)을 설(說)하셨고, 무량중생(無量衆生)을 제도(濟度)하셨다.

 반야심경 본문(本文)
풀이

관자재보살(觀自在菩薩)

석가모니 부처님의 십대 제자 가운데 자비제일의 보살이다. 대자대비관자재보살(大慈大悲觀自在菩薩), 관세음자재보살(觀世音自在菩薩), 관세음(觀世音)보살, 관음보살이라고도 부른다.

천수천안(千手千眼) 관세음보살로 천개의 손과 천개의 눈을 가진 대자대비하신 불보살이다. 자유자재(自由自在)로 걸림 없이 구원의 손길을 발휘하며 자각각타(自覺覺他)와 자리이타(自利利他)로 세상을 널리 구원하는 불보살을 말한다. 보살(菩薩)이란 보리살타(菩提薩陀)로 깊은 깨달음을 구하는 구도자(求道者)를 의미한다. 수행자는 道를 구하고 찾는 것도 중요하지만 사는 것도 아주 중요하다. 따라서 대자대비로 道를 구하고 대자대비로 道를 깨닫고 대자대비로 살아가야 한다. 불보살이란 석가모니 부처님의 큰 깨달음을 얻고자 큰 서원(四弘誓願 사홍서원)을 세우고 수행에 전념하는 사람을 말한다.

사홍서원(四弘誓願)이란 불보살들의 네 가지 큰 서원으로,

① 중생무변서원도(衆生無辺誓願度)
   한량 없는 중생을 남김 없이 다 구원하려는 서원

② 번뇌무진서원단(煩惱無盡誓願斷)
   한량 없는 번뇌를 다 끊겠다는 서원

③ 법문무량서원학(法門無量誓願學)
   한량 없는 법문을 다 배우겠다는 서원

④ 불도무상서원성(佛道無上誓願成)
   위 없는 무상불도를 기필코 이루겠다는 네 가지 큰 서원을
   말한다.

행심반야바라밀다시(行深般若波羅蜜多時)

깊은 반야바라밀다를 행한다는 것은 구체적으로 육바라밀(六波羅蜜)을 의미한다.

육바라밀이란 보시바라밀(布施波羅蜜)과 지계바라밀(持戒波羅蜜) 인욕바라밀(忍辱波羅蜜) 정진바라밀(精進波羅蜜) 선정바라밀(禪定波羅蜜) 그리고

지혜바라밀^(智慧波羅蜜)을 실천하여 생로병사의 경계를 벗어나 열반의 저 언덕에 이르게 하는 실천적인 행위, 실질적이고 구체적인 수행덕목^(修行德目)을 의미한다.

무상대도^(無上大道)인 지혜의 광명을 끊임없이 닦고 닦아서, 기필코 성불제중^(成佛濟衆)의 큰 원^(願)을 이루라는 말이다.

끊임없는 정성과 알뜰하고도 피나는 노력으로 수행에 전념하라는 뜻이다.

육바라밀이란 생사의 고해를 건너 열반의 이상세계에 이르는 길로 수행자들의 여섯 가지 수행덕목이다.

그 첫 번째는 보시^(布施)로 세상을 위해 널리 자비를 베푸는 일이요,

두 번째는 지계^(持戒)로 좋은 습관을 길들이기 위해서 꼭 필요한 계문^(戒文)들을 잘 지키는 일이다.

세 번째는 인욕^(忍辱)으로 고통과 괴로움을 이겨 지혜와 자비의 참 마음을 갈고 닦는 일이요,

네 번째는 정진^(精進)으로 끊임없는 수행적공으로 부처의 꿈을 이루는 일이다.

다섯 번째는 선정(禪定)으로 고요하고 빛나는 참된 마음으로 불성(佛性)을 회복하는 일이며,

여섯 번째는 지혜(智慧)로 지혜로운 마음으로 올바르고 참되게 잘 살아가는 일이다.

조견오온개공도일체고액(照見五蘊皆空度一切苦厄)

오온이 공함을 밝히 보아 일체고액을 넘는다.

오온(五蘊)이란 색수상행식(色受想行識)으로 우리의 몸과 마음인 심신작용을 의미한다.
육근(六根)이란 안이비설신의(眼耳鼻舌身意)로 우리의 몸과 마음을 말하며 육진(六塵, 六境, 六識)이란 색성향미촉법(色聲香味觸法)으로 우리의 인식작용(認識作用)을 말한다.

색(色)이란 지수화풍(地水火風) 사대(四大)로 우리의 몸통을 의미하고 있으며, 고(苦)란 사고팔고(四苦八苦)로 생로병사(四苦)와 애별이고(愛別離苦)와 원증회고(怨憎會苦)와 구불득고(求不得苦)와 오음성고(五陰盛苦, 五蘊盛苦)를 말한다.
사고팔고란 태어난다는 것 그 자체가 고통(生苦)이고 늙는다는 것도 고통(老苦)이며 병드는 것 또한 고통(病苦)이라는 것이다. 죽는다는 것은 두렵고 고통스러운 것(死苦)이며 싫은 사람을 만나는 것 또한 고통(怨憎會苦, 원증회고)스러운 일이고 사랑하는 사람과 이별

하는 것은 고통(愛別離苦, 애별이고)이며 구해도 얻지 못하는 것(求不得苦, 구불득고) 또한 고통으로 인간 존재를 구성하는 그 자체가 고통(五陰盛苦, 오음성고)이다. 고(苦)가 없으면 道도 없고 고(苦)를 통(通)하여 道를 깨달으면 고(苦)를 즐길 줄을 알게 되고 고(苦)는 사라진다.

액(厄)이란 사액(四厄)으로 욕액(欲厄)과 유액(有厄)과 견액(見厄)과 무명류액(無明流厄)으로 재앙을 의미한다.

우리 몸과 마음은 육근인 눈과 귀와 코와 입과 몸과 뜻을 통한 느낌으로 살아간다. 희로애락애오욕 7정의 감정을 우주적, 근원적으로 다스리며 살아가는 지혜가 바로 우리가 추구하는 참 마음이요 참 道다.

우리의 몸과 마음과 생각과 감정이 모두 색수상행식 오온이요, 안이비설신의 육근이요, 색성향미촉법 육경으로 우리 오장육부의 작용이요, 몸 안 수억만 개 세포 생명체들의 삶인 것이다.

우리는 공기(산소)로 살고 물(수분)로 살고 먹을거리(영양분)로 살고 마음으로 살아간다. 그래서 우리 인간은 누구나 다 소우주다. 우주 속에서 자연과 더불어 살아가는 동물이요 존재인 것이다. 오온이란 우리의 심신작용을 따라 어리석어서 고통받는 중생이 되기도 하고 지혜롭게 잘 살아서 고통으로부터 벗어난 부처가 되기도 한다는 뜻이다.

사리자^(舍利子)

사리자는 석가모니 부처님의 십대 제자 중 지혜제일의 사리불 존자^(舍利佛尊者)이다. 사리자란 구도자와 수행자를 가리키는 말로 쓰이기도 한다.

사리자는 사리불^(舍利佛)로 부처님의 십대 제자^(十大弟子)에 속하면서 부처님의 아들인 라후라를 가르치기도 했으며 부처님보다 먼저 세상을 떠났다.

색불이공 공불이색^(色不異空 空不異色) 색즉시공 공즉시색^(色卽是空 空卽是色)

색상^(色相)이 진공^(眞空)과 다르지 않고 진공이 또한 색상과 다르지 않으며 색이 바로 진공실상이요 공이 바로 색상이다 색과 공은 서로 다른 것 같지만 서로 하나이며 형상^(形相)이 있는 것은 곧 없는 것과 같고 형상 없는 것은 곧 있는 것과 같다. 색은 공으로 공은 색으로 돌고 돌아 색과 공이 서로 하나이며 색과 공이 서로 다르지 않다. 색^(色)은 생^(生)이요, 목숨의 몸이다. 공^(空)은 사^(死)요, 목숨이 숨은 영혼이다. 따라서 생은 사로 사는 생으로 돌고 돌아 생과 사가 서로 하나이며 생과 사가 서로 다르지 않다. 색과 공은 우리 몸과 마음이요, 생과 사요, 육신과 영혼을 말한다.

수상행식 역부여시(受想行識 亦復如是)

수상행식도 또한 이와 같으니라.

수불이공(受不異空) 공불이수(空不異受)
수즉시공(受卽是空) 공즉시수(空卽是受)

상불이공(想不異空) 공불이상(空不異想)
상즉시공(想卽是空) 공즉시상(空卽是想)

행불이공(行不異空) 공불이행(空不異行)
행즉시공(行卽是空) 공즉시행(空卽是行)

식불이공(識不異空) 공불이식(空不異識)
식즉시공(識卽是空) 공즉시식(空卽是識)

이와 같은 것임을 깊이 깨달아야 할 것이다.

시제법공상(是諸法空相)

이러한 모든 법(法)이 결국은 진공실상(眞空實相)을 토대로 하여 나오는 것이다. 경계(境界)와 진공(眞空)을 분리해서 볼 것이 아니라 서로 하나로 보고 법과 공과 무와 색과 수상행식이 모두 하나임을 깨달아야 한다.

불생불멸(不生不滅)

진공실상(眞空實相)인 우리의 영혼은 불생불멸(不生不滅)인 것이다. 생(生)이 없기 때문에 멸(滅)도 없는 것이다.
여여자연(如如自然)할 뿐 생멸상(生滅相)이 끊어진 자리이다. 생(生)과 멸(滅)을 둘로 보지 아니하고 하나로 본 것이다.

생(生)과 사(死)를 하나로 본 것이다. 생사불이(生死不二)요, 영혼불멸인 것이다.

불생불멸이란 존재하는 모든 것은 근원적으로 모두 공한 것으로서 생하는 일도 멸하는 일도 없다는 뜻이요, 생을 떠난 멸은 생각할 수 없으며 또한 멸을 떠난 생을 생각할 수 없다는 말이다. 존재하는 모든 것들은 결국 모두 다 제로(0)요, 빛이요, 광명으로 무(無)요, 공(空)인 것이다. 그러므로 불생불멸인 것이다.

또한 우주의 변화는 끊임없이 빠른 속도로 변하고 있기 때문에 생(生)과 멸(滅)이 둘일 수가 없고 하나라는 것이다.
불생불멸이란 우주의 변화와 우리의 영혼이 영원하다는 말이다. 우주는 풍운우로상설과 춘하추동과 밤낮의 변화가 끊임이 없어서 영원하다는 말이다. 또한 우리의 영혼은 몸과 마음인 심신작용과 생사를 따라 끊임없이 변화하는 가운데 영생을 한다는 말이다. 따라서 우리의 영혼은 불생불멸이요 불구부정이요 부증불감인 것이다. 다만 수련(수행) 정도에 따라 혼불(=지혜광명)

의 크기와 밝기가 다를 뿐이다.

불구부정(不垢不淨)

진공실상 자리에는 부처도 중생도 없다.
부처는 부처이고 중생은 중생이라는 생각은 부처와 중생을 바로 볼 수 없다는 것이다. 존재하는 모든 것은 본래 청정하다고도 부정하다고도 말할 수 없다는 것이다. 청정무구(淸淨無垢)로 더러움을 떠난 청정함이란 있을 수 없고 청정함을 떠난 더러움도 있을 수 없다는 뜻이다.
최고의 아름다움과 최고의 더러움은 생로병사의 변화로 진리의 참모습이다. 변해야 새 것이 오고 순환해야 원하는 것이 이루어진다.
청정한 것은 부정한 것이 되고 또다시 부정한 것은 청정한 것으로 끊임 없이 변화한다는 말이다.

부증불감(不增不減)

부처라고 해서 그 본성 자리가 더하고 중생이라고 해서 덜한 것도 아니다. 본래는 더하고 덜함이 없는 것이다. 미국의 흙을 한국에 가져왔다고 해서 지구의 무게가 변했을까?

모든 것을 근원 자리에서 보면 늘지도 줄지도 않을 뿐 아니라 그 자리가 그 자리요 변함도 변하지 않음도 없는 것이다.

시고공중(是故空中) **무색**(無色) **무수상행식**(無受想行識) **무안이비설신의**
(無眼耳鼻舌身意) **무색성향미촉법**(無色聲香味觸法) **무안계내지무의식계**(無
眼界乃至無意識界)

이 진공실상 가운데는 색도 없고 수상행식도 없고 눈과 코와
귀와 혀 몸과 뜻도 없고 색과 소리와 냄새와 맛과 부딪침과 법
도 없으며 눈의 경계와 의식의 경계도 없는 것이다.
일체의 분별식심(分別識心)이 없기 때문에 육근(六根)과 육경(六境) 육
식(六識)의 경계가 다 없는 것이다.
아무 것도 없는 텅 빈 그 속에는 오온(五蘊)인 색·수·상·행·
식도 없고 육근(六根)인 안·이·비·설·신·의도 없고 육경(六
境)인 색·성·향·미·촉·법도 없고 육식(六識)인 안식·이식·
비식·설식·신식·의식도 없는 것이다.

육근과 육경을 합하여 12처(十二處)라고도 하며 육근으로 말미암
아 육경이 생기고 육진(六塵)으로 말미암아 육식이 생기므로 이
것을 18계(十八界)라고도 한다.

무무명(無無明) **역무무명진**(亦無無明盡) **내지**(乃至) **무노사**(無老死) **역무
노사진**(亦無老死盡)

불변(不變)하는 측면에서 보면 윤회에서 비롯된 무명(無明)도 없고
무명이 다함도 없으며 윤회의 끝인 늙고 죽는 것도 없고 늙고
죽는 것이 다했다는 것 또한 없는 것이다.

진공실상에는 순환이 없기 때문에 십이인연도 없고 십이인연
으로 순환함이 없다는 것도 역시 없는 것이다.

괴로움을 일으키는 인간이란 존재의 근본 번뇌가 바로 무명(無
明)이며, 흔히 삼독심(三毒心)으로 일컬어지는 그릇된 작용도 무명
때문에 빚어진다는 것이다.
인간의 번뇌망상과 사심잡념의 근본이 바로 무명이라는 것이다.

십이인연(十二因緣)은 다음과 같다.
① 무명(無明) : 미혹(迷惑)의 근본적인 무지(無知)
② 행(行) : 무명에 의해서 만들어지는 선악의 행업(行業)
③ 식(識) : 의식 작용
④ 명색(名色) : 사람의 몸과 마음
⑤ 육입(六入) : 육근(六根)으로 눈, 귀, 코, 혀, 몸 뜻
⑥ 촉(觸) : 고락(苦樂)을 식별하는 작용, 육근의 접촉
⑦ 수(受) : 고(苦), 락(樂), 불고(不苦), 불락(不樂), 호오(好惡)를 감수하
　 는 감각
⑧ 애(愛) : 고(苦)를 피하고 항상 즐거움을 추구하는 근본 욕망
⑨ 취(取) : 자기가 원하는 것에 집착하는 작용
⑩ 유(有) : 애취(愛取)에 의해서 여러 가지의 업을 만들고, 미래의
　 결과를 만드는 작용(=業)
⑪ 생(生) : 태어남
⑫ 노사(老死) : 늙고 죽음

이상에서와 같이 과거의 원인인 무명과 행, 현재의 결과인 식과 명색과 육입과 촉과 수, 현재의 원인인 애와 취와 유, 미래의 결과인 생과 노사라고 하는 삼세양중(三世兩重)의 인과다. 삼세의 인과를 깨쳐서 지혜의 광명을 나투라는 것이다.

다시 말해서 12인연이란 이것이 있으므로 저것이 있게 되고, 이것이 일어나므로 저것이 일어난다.
이것이 있지 않으므로 저것이 있지 않게 되고, 이것이 일어나지 않으므로 저것이 일어나지 않는다는 것이다.

십이인연이란 우리 중생세계에 있어서 인과(因果)를 12가지로 설명한 것으로 과거의 생에서 지은 업(業)에 따라서 현재의 과보를 받고 현생의 업에 따라서 미래의 생에 고(苦)를 받게 된다는 연기설(緣起說)이다.

삼세의 인과를 깨치면 지혜광명이 나타난다. 전생(前生)의 나와 금생(今生)의 나와 내생(來生)의 내가 하나의 영혼임을 깨치면 누구나 다 부처가 된다.
전생의 내 모습 내 삶이 지금 현재 금생의 내 모습이요, 금생의 내 모습과 삶은 또다시 내생의 내 모습이 된다. 얼굴과 몸의 형상만 다를 뿐 하나의 영혼인 것이다.
한마음 깨치면 12인연을 자유로이 굴리고 다니고 한마음이 매(昧)하여 어두우면 12인연에 끌려다니게 된다.

탐진치 삼독심으로 살면 한없는 고(苦)가 뒤따르게 되고 불보살의 세계에서는 한없는 재미(樂)가 뒤따르게 되며 중생은 낳고 죽는다고 하나 불보살들은 왔다가 간다고 하는 것이다.

12인연에서는 부처님이나 중생이나 똑같이 지은 업을 따라 살다가 죽지만 부처님은 그 이치와 과정을 알고 있으므로 매(昧)하지 아니하고 일체의 모든 업이 청정하여 윤회에 미혹되지 아니하고 윤회를 능히 초월하는 것이라고 말하고 있다.

업(業)이란 생활습관이요, 인생이요, 삶이요, 자기 자신이 살아온 바 발자국인 것이다. 따라서 사람 씨앗인 영혼이 부처님의 영혼으로 바뀌어야 한다는 것이다.

무고집멸도(無苦集滅道)

중생과 부처가 다르지 않기 때문에 중생이 변하여 부처가 이루어지는 사제(四諦)의 법문인 고집멸도도 없는 것이다. 그러므로 중생의 세계는 괴로움의 집단이요, 부처의 세계는 괴로움을 벗어난 것이라고 하는 법문도 또한 필요하지 않는 것이다.

사제(四諦)인 사성제(四聖諦)는 다음과 같다.

① 고(苦) : 현실의 괴로움을 나타낸 것으로 생로병사와 애별이고(愛別離苦), 원증회고(怨憎會苦)와 오음성고(五陰盛苦), 구불득고(求不得苦)이다.

② 집(集) : 괴로울 수밖에 없는 원인은 바로 집착이다. 탐진치
　　라고 하는 집착과 속박이 바로 집(集)이다.

③ 멸(滅) : 깨달음의 목표인 열반(涅槃)의 세계다. 애욕의 속박에
　　서 벗어나 청정무구(淸淨無垢)의 해탈을 얻자는 것이다.

④ 도(道) : 해탈을 얻기 위한 구체적인 방법과 실천수단이 팔정
　　도(八正道)이다.

사성제란 사람은 어리석음으로 인하여 고통 속에서 살다가 결
국은 고통스럽게 죽는다.
그러나 죽으면 끝나는 것이 아니라 어리석음의 씨앗은 또 다시
다음 생에 나타나서 고통의 삶을 지속적으로 살아가게 된다.
그러므로 고통스럽지 않고 즐겁고 행복한 대자유의 길로 들어
서라는 것이다.

팔정도(八正道)는 다음과 같다.
① 바르게 보고 (正見)
② 바르게 생각하고 (正思惟)
③ 바르게 말하고 (正語)
④ 바르게 행동하고 (正業)
⑤ 바른 수단으로 목숨을 유지하고 (正命)
⑥ 바르게 열심히 노력하고 (正精進)
⑦ 올바른 사상과 철학을 간직하고 (正念)

⑧ 바르게 마음을 안정시키는 수행을 하라 ^(正定)

팔정도란 인생을 살되 그냥 막 살 것이 아니라 바르고 발라서
바를 것도 없는 올바름으로 지혜롭게 잘 살아서 부처의 꿈을
이루고 불보살의 삶을 살라는 것이다.

바를 정^(正)자가 바로 지혜^(智慧)요, 광명^(光明)이다.

여기에서 사제^(四諦)를 설하는 것은 중생으로 하여금 괴로움^(苦)을
알게 하여 그 원인^(集)을 끊게 하고 열반세계를 동경^(滅)하게 하
며 道를 닦게 하기 위함이다.

무지역무득^(無智亦無得)

지혜도 없고, 얻는 것도 없다. 가르치고 배우는 것도 없다.
가르치는 부처와 배우는 중생도 없고, 스승과 제자도 없다.
그러므로 아는 지혜도 없고, 또한 얻을 것까지도 없다.
보살도를 닦을 것도 없고, 얻을 것도 또한 없는 것이다.

이무소득고^(以無所得故) **보리살타**^(菩提薩埵) **의반야바라밀다고**^{(依般若波羅}
^{蜜多故)} **심무괘애**^(心無罣礙) **무괘애고**^(無罣礙故) **무유공포**^(無有恐怖)

아무것도 얻을 것이 없는 까닭에 道 공부를 하는 보살은 분별
망상^(分別妄想)에 의지하는 것이 아니라 반야바라밀다^(般若波羅蜜多)에

의지하는 것이다. 그러므로 마음 가운데 아무것도 걸리는 바가 없는 것이다. 마음은 형상이 없는 고로 걸리는 자취를 모르는 것이다. 마음에 걸리는 것이 없기 때문에 일체의 공포심이 다 떨어졌다.

중생은 재물이 있으면 없어질까 두렵고, 권력이 있으면 떨어질까 무섭고, 생사에 얽매이기 때문에 공포심이 있는 것이다. 그러나 아무것도 없으면 공포심 또한 없는 것이다.
모든 분별심으로부터 망념이 생기는 것이요, 망념으로 인하여 두려움이 생기는 것이니, 분별 이전의 본래의 세계에서는 두려움이 없다는 것이다.

원리전도몽상구경열반(遠離顛倒夢想究竟涅槃)

이와 같이 전도와 몽상을 멀리 떠나서 결국에는 열반을 얻게 된다. 중생은 마음이 걸리고 막히며 자빠지고 엎어지고 거꾸로 되어 있지만 그것을 오히려 편하게 생각한다. 그러나 전도몽상을 멀리 떠나면 거기가 바로 열반 자리인 것이다. 죽은 뒤의 열반이 아니라 살아있을 때의 열반인 것이다.
전도몽상(顛倒夢想)이란 옳게 볼 수가 없는 미혹(迷惑)을 말한다. 제법(諸法)을 명료(明瞭)하게 보지 못하기 때문에 공포와 전도와 몽상 등이 있게 된다.

열반(涅槃)이란 일체의 미혹으로부터 벗어난 경지를 말한다.

지혜로운 영혼으로 세상을 바르게 보며 지혜롭게 살아가는 것을 말한다. 중생세계에서 벗어나 불보살의 세계에 들어서라는 말이다.

삼세제불(三世諸佛) **의반야바라밀다고**(依般若波羅蜜多故) **득아뇩다라삼막삼보리**(得阿耨多羅三藐三菩提)

삼세의 모든 부처님도 이 반야바라밀다 공부에 의지한 까닭에 자기의 마음을 정화하여 그 광명을 밝히고 아뇩다라삼막삼보리를 얻었던 것이다. 무상대도(無上大道)를 깨닫게 되었던 것이다.

삼세제불이란 과거, 현재, 미래의 일체 부처님을 말한다.
여기에서 불(佛)이란 각야(覺也)로서 스스로 깨닫고 남을 깨닫게 하여 일체를 모두 깨달은 사람을 말한다.

아뇩다라삼막삼보리란 위가 없는 완전한 깨달음이라 하여, 무상정등정각(無上正等正覺)이라고 한다.
즉, 위가 없는 올바르고 평등한 깨달음이요, 흠이 없는 원만한 지혜요, 완전한 깨달음이라는 뜻이다.

고지반야바라밀나(故知般若波羅蜜多) **시대신주**(是大神呪) **시대명수**(是大明呪) **시무상주**(是無上呪) **시무등등주**(是無等等呪) **능제일체고**(能除一切苦) **진실불허**(眞實不虛)

그러므로 반야바라밀다는 신비스러운 주문이요, 일월^(日月)보다 크고 밝은 주문이요, 참으로 크고 위가 없는 주문이요, 상대가 끊어진 절대의 주문이다. 능히 일체의 괴로움을 멸하는 주문이다.

이러한 주문은 참으로 진실해서 거짓이 아니요, 헛된 것이 아니며, 허장성세^(虛張盛勢)가 아닌 사실에 부합된 참된 주문이다.

주문^(呪文)이란 부처님의 깨달음인 반야심경을 일심^(一心)으로 외우거나 간직하게 되면 마음이 청정^(淸淨)해지고 마음의 안정을 가져다주는 신비로운 글귀라는 뜻이다.
주문이란 제불제성^(諸佛諸聖)님들의 심인^(心印, 마음도장)으로 모든 부처님의 진언^(眞言, 참된 말씀)이요, 모든 부처님의 깨달음이 깃들어있는 문장^(文章)들을 말한 것이다.

고설반야바라밀다주^(故說般若波羅蜜多呪)

그러므로 반야바라밀다 주문을 설하는 것이다.
모든 분별심과 주착심을 끊고 오직 주문에 의지할 것이니라.
자성광명에 의지하여 깨달음을 얻고 지혜광명에 의지하여 대자대비를 베풀라.

반야바라밀다는 참으로 신비스럽고 참된 주문이지만 오직 진리를 깨닫고 道를 구(求)할 때만 의지하라. 정성이 부족하고 믿음과 서원이 약할 때만 의지하라. 지나치게 주문에만 의지하다 보면 형식화되거나 빈껍데기가 되어 버린다.

오직 지혜광명에만 의지하여 진리를 깨닫고 道를 求하라.
그리하면 진리와 아주 가깝게 된다. 그리하면 원하는 바대로
道에 이르게 된다.
반야심경은 부처님의 마음이요, 부처님의 깨달음이다.
반야심경은 수행자들의 거울이요, 우리가 깨쳐가야 할 道의 모
습이다.

아제(揭諦) **아제**(揭諦) **바라아제**(波羅揭諦) **바라승아제**(波羅僧揭諦) **모지사
바하**(菩提娑婆訶)

가세 가세 더 높이 가세. 더 높이 아주 가세.
깨달음이여, 영원하라!
갔을 때 갔을 때 피안에 갔을 때 피안에 완전히 갔을 때 깨달음
이 있다. 완전한 깨달음이 있다.

건너가세 건너가세 부처님의 세계로 건너가세.
너도 가고 나도 가고 모두 모두 빨리 빨리 건너가세.
가신 분(석가모니)이여! 가신 분이여! 피안에 가신 분이여!
피안에 완전히 가신 분이여! 깨달음이여, 행운이 있으라!
간 사람이여! 넘어 선 사람이여! 피안에 간 사람이여! 피안에
완전히 넘어선 사람이여!
진리의 깨달음이여, 영원하고 행복하라!
깨달음이여, 영원하라! 수행자들이여, 행복하라! 영원히 행복
하라!

어서 빨리 가세나

가세 가세. 어서 가세. 어서 빨리 건너가세. 깨달음의 세계로.
어서 어서 건너가세. 너도 가고 나도 가고, 모두 모두 건너가
세. 밝음의 세계로.

지혜의 광명으로 세상을 보라. 밝음의 눈으로 우주를 보라.
道가 보이리. 진리를 깨치리. 부처가 되리.

가세 가세, 어서 가세, 어서 빨리 건너가세. 중생의 세계에서
불보살의 세계로 건너가세.

태양을 중심으로, 일월성신을 따라, 풍운우로상설을 따라, 춘
하추동을 따라, 심신작용을 따라, 양심을 따라, 생노병사를 따
라서, 생사해탈 하여 보세, 생사초월하여 보세. 부처님으로 살
아 보세.
광명의 세계로, 깨달음의 세계로, 어서 빨리 건너가세.

18 _ 지혜로운 영혼이여!

사리자야!
너의 영혼을 알고 있느냐.
영혼의 마음인 지혜로움으로 살 때
너의 몸과 마음이 텅 비었음을 알리라.
너의 모든 고난으로부터 완전히 벗어나리라.
너의 모든 사심잡념과 번뇌망상과 일체의 죄고로부터도
완전히 벗어나리라.

사리자야!
사람의 육신은
영혼과 다르지 않고
영혼은 육신과 다르지 않나니
육신이 영혼이요, 영혼이 곧 육신이니라.
우리의 인생도 이와 같나니라.
우리의 영혼과 육신은

서로가 만났다 헤어졌다를 반복하면서
영원히 살아가니라.

사리자야!
우리의 영혼은
생로병사를 따라 영원하여
생함도 멸함도 없고
깨끗함도 더러움도 없고
더하지도 덜하지도 않느니라.
그러므로 영혼의 입장에서 본다면
몸이다 마음이다 영혼이다 인생이다 하는 것도
또한 없느니라.

우리가 영혼의 숨결로 살아간다면
눈 귀 코 입인 육근도 없고
보고 듣고 생각하고 말하고 먹고 싸고 하는 것도 없고
살아있다는 것도 없느니라.
오직 살아있음의 나로 살아갈 뿐이니라.

우리가 만일 살아있음의 영혼으로 살아간다면
어리석음도 없고 지혜로움도 없으며
생로병사도 없고 道도 진리도 없느니라
우주의 변화도 없도 일월성신도 없고 풍운우로상설과
춘하추동도 없느니라.

깨달음도 어리석음도 없고
선도 악도 없고
신앙과 수행도 없고
종교와 철학도 없느니라.
그러므로 우리의 영혼은
오직 지혜광명으로만 살아갈 뿐이니라.
어느 것에도 무엇에도 걸리고 막힘이 없이
대자유와 대해탈에 이르게 되리라.
우리의 영혼이 어느 것에도 걸리고 막힘이 없으므로
모든 두려움으로부터도 벗어날 수 있으며
모든 욕심으로부터도 완전히 벗어날 수 있으리라.

사리자야!
과거와 현재와 미래의 모든 부처들께서도
오직 영혼의 향상과 진급을 위해서만 사셨으므로
영생(永生)을 얻으신 것이니라.

사리자야!
이제 확연히 알겠느냐.
우리의 영혼은 자기 자신의 주인이요,
세상의 주인이요, 우주의 주인이니라.
천상천하의 유아독존이니라.

우리의 영혼은

모든 고난으로부터 완전히 벗어날 수 있으며
생생약동하게 살아있음의 나로 영생하므로
오직 영혼의 숨결에 의지하여
지혜롭게만 살아야 하느니라.

지혜광명으로 세상을 보라.
밝음의 눈으로 우주를 보라.
道가 보이리.
진리를 깨치리.
부처가 되리.

우주와 더불어
일월성신을 따라
풍운우로상설을 따라
춘하추동을 따라
사생의 심신작용을 따라
세상만물을 따라
생로병사를 따라
생과 사를 따라
양심을 따라
지혜광명을 따라
생사해탈 하여 보세.
생사초월 하여 보세.

영원한 세월 동안
영혼의 숨결을 따라
선인선과를 따라
한량 없는 복락을 누려보세.

사리자야!
우리의 영혼은
불생불멸(不生不滅)이요, 불로장생(不老長生)이며
우리의 인생은
선인선과(善因善果)요, 복혜증진(福慧增進)이니라.

선인선과는 복덕(福德)이요, 지혜의 광명이지만
악인악과(惡因惡果)는 죄고(罪苦)요,
무명의 어리석음이니라.

사리자야!
이제 확연히 알았느냐.
너와 나는 영생(永生)의 도반(道伴)으로
금생에는 내가 너의 스승이지만
다음 생에는 그대가 나의 스승이 되리라.

우리의 영혼은 사람의 씨앗이다. 그러므로 사람은 누구나 다
자기 자신의 영혼을 중심으로 생로병사를 따라 환생을 거듭하
면서 영원히 살아간다. 선인선과(善因善果) 악인선과(惡因善果)는 진

급하면서 환생하고, 선인악과^(善因惡果) 악인악과^(惡因惡果)는 강급
하면서 환생을 거듭하는 것이다. 우리의 영혼은 불멸이요, 우
리의 생사는 거래^(去來)인 것이다.

사람의 죽음은 일생^(一生)의 결실^(結實)로 육신과 영혼의 분리됨을
의미한다. 더 이상 쓸 수 없는 육신을 버리고 새로운 육체로 바
꾸어야 하는 것이다. 육신과 분리된 영혼은 또다시 새로운 부
모를 만나 새롭게 태어난다. 영혼의 환생이 이루어지는 것이
다. 그러므로 우리의 영혼은 영원하다. 사람은 누구나 다 자기
자신으로부터 와서 자기 자신을 위해 살다가 또다시 자기 자신
으로 돌아가는 것이다. 하나의 영혼으로 영생하는 것이다. 사
람은 누구나 다 선인선과로 지혜롭게 잘 살다가 잘 죽으면 또
다시 건강한 몸으로 잘 태어나서 영원히 잘 살게 되는 것이다.

우리가 부처님과 불교를 이해하는 데 있어서 중국의 문화와 동
양인의 관점에서 바라볼 것이 아니라 인도의 힌두교 문화와 인
도인의 관점에서 이해하려는 노력이 더 많이 필요하다. 또한
우리가 부처의 꿈을 이루어가는 데 있어서도 경전이나 문자나
수행자들의 말에 의지하기보다는 직접 체득하고 직접 증험해
보려는 노력이 더 절실히 요청된다.

백 명의 부처님께 공양^(供養)하는 것보다 자기 자신이 부처가 되
는 것이 더 낫다고 했다. 백행이불여일각^(百行而不如一覺)이요, 백각
이불여익득^(百覺而不如一得)인 것이다. 우리 최고의 스승은 자수자

각(自修自覺)이요, 자문자답(自問自答)이다.

우리가 道를 닦고 진리를 깨치고 부처가 되고자 하는 것은 지혜로운 영혼으로 행복하게 잘 살기 위함이다. 그리하여 아름다운 환생을 거듭하면서 영생을 잘 사는 것이다. 인도의 고대 힌두교 사원에는 수많은 남녀의 성관계 모습들이 조각되어 있는데 이것은 영혼의 환생을 상징한 것이다. 선인선과(善因善果)의 인과률(因果律)을 따라 지혜롭고 아름답고 행복하게 오래도록 잘 살자는 것이다. 상생선연(相生善緣)의 아름다운 환생을 거듭하면서 영생을 잘 살아가는 것이다. 따라서 남녀의 성관계는 영혼의 환생이요, 태중호흡은 영혼의 숨결인 것이다.

우리가 만일 지구의 역사와 인류의 기원을 안다면 지금까지의 모든 종교와 철학과 사상의 근본 핵심이 건강한 몸과 지혜로운 영혼과 아름다운 환생과 행복한 영생임을 알 것이다. 그러므로 이 세상에는 道도 진리도 부처님도 없는 것이다. 오직 선악과(善惡果) 중에서 선인선과로 지금 현재를 잘 살아있음이요, 지금 이 순간을 잘 살아감이다. 끊임없이 흘러가는 순간순간의 시간을 따라 잘 살아있음인 것이다.

천부경 이야기

1 우주의 진리와 천부경

우주의 진리란 해와 달과 별들의 변화요, 음과 양의 조화요, 밝음과 어둠과 따뜻함과 차가움의 상호작용이다.

우주의 진리란 태양(太陽系)을 중심으로 한 수많은 별이 규칙적으로 자전(自轉)하거나 공전(公轉)하는 가운데 밝았다 어두웠다 따뜻했다 추웠다 하면서 나타나는 여러 가지 현상과 변화를 말한다.

우주의 생성(生成)과 소멸(消滅)과 생존(生存)과 변화(變化)의 근원(根源)은 바로 태양의 태양광(太陽光, 밝음의 빛)과 태양열(太陽熱, 따뜻함의 온도)이다. 우주 안에서 수많은 별이 태양을 중심으로 자전과 공전을 하는 가운데 태양의 태양광이 밝았다 어두웠다 하고, 태양열이 따뜻했다 추웠다 하면서 우주의 변화가 끊임없이 나타난다. 이에 따라 우주의 성주괴공과 만물의 생로병사와 사생의 심신작용과 인간의 흥망성쇠를 따라 끊임없이 변화하는데 이것을 일러 우주의 진리요, 우주의 道라 하는 것이다.

우주의 주인은 해와 달과 별들로, 태양을 양(陽)이라 하고 달을 음(陰)이라 한다. 빛이 있는 별들을 양이라 하고, 빛이 없는 별들을 음이라 하여 일월성신(日月星辰)을 우주라 하기도 한다.

또한 해와 달과 화성과 수성과 목성과 금성과 토성인 음양오행(陰陽五行)을 우주라 하기도 하고, 그냥 하늘이라고도 하고, 천지인(天地人)이라고도 하고, 우주의 진리 혹은 우주의 道라고도 한다.

우주의 진리를 우주만유(宇宙萬有)의 본원(本源)이라고도 하고, 우주만유, 우주대자연, 자연의 섭리, 하늘의 진리, 하늘의 뜻, 하늘신(神), 하늘님 등 여러 가지로 표현되고 있으나 그 내용에 있어서는 하나이다.

우주 안에 한 빛, 한 기운이 있어 밤과 낮, 음과 양, 밝음과 어둠이 있다. 음과 양의 두 기운은 밝음과 따뜻함과 어둠과 차가움의 네 가지 성질로 구분한다. 사람들은 밝음을 동(東)이라 하고 어둠을 서(西)라 하며 따뜻함을 남(南)이라 하고 차가움을 북(北)이라 하여 하늘땅과 동서남북과 사방팔방과 십방(시방)이라 한다.

이 우주 안에서는 밝음과 어둠과 따뜻함과 차가움의 네 가지 성질로 인하여 바람과 구름과 비와 이슬과 서리와 눈이라고 하는 풍운우로상설이 생성되어 봄, 여름, 가을, 겨울이라고 하는 춘하추동의 구분이 있게 되었다.

이러한 변화 속에서 세상만물을 다 품안에 안고 길러내며 만물의 생로병사를 주관하고 끊임없이 변화하는 가운데 무한한 세계가 전개되고 있다.

인간이란 세상만물 가운데 한 존재일 뿐이며 태생, 난생, 습생, 화생^(胎, 卵, 濕, 化 : 四生)의 생명체들 가운데 한 존재인 땅 위의 동물이다.

우주에는 일월성신^(일월)이 주인이요, 세상만물 중에서는 인간이 주인이다.
인간은 우주 안에서 태어나 자연과 더불어 자연스럽게 잘 살아갈 때 가장 행복하고 가장 아름답고 가장 잘 사는 것이다.

많은 사람이 귀하고 신비스럽게 여기고 있는 천부경^(天符經) 속에 나타나는 숫자는 무극과 태극과 음양과 천지인 삼재^(三才)와 동서남북 사방팔방과 하늘땅과 춘하추동^(원형이정)과 풍운우로상설과 만물의 생로병사 등의 변화를 일러 진리, 도^(道), 혹은 자연의 섭리, 자연의 변화, 음양의 조화라 했다.

결국 1에서 10까지의 숫자는 일월성신^(음양오행)인 우주를 말한 것이요, 우주의 변화를 이야기한 것이며, 우주의 진리^(道)를 표현한 것이다.

천부경은 이러한 우주^(하늘, 자연)와 우주의 변화를 본^(本)받아 우리의 마음을 닦고 닦아서 진리의 태양이 높이 솟게 하며 인심^(人心)이 곧 천심^(天心)이 되게 하고 천심이 곧 인심이 되게 하라는 내용이다.

생함^(生)도 없고 멸함^(滅)도 없는 불생불멸^(不生不滅)의 진리를 크게 깨쳐서 세상에 크게 유익 주는, 큰 도인들이 되라는 뜻이요, 도^(道)를 닦고 깨치는 일을 귀히 여기고 크게 받들어서 홍익인간^(弘益人間) 이화세계^(理化世界)의 주인공들이 되라는 간절한 염원이 담긴 경전이다.

우주의 진리는 하나로 시작하였으나 하나로 시작한 바가 없고, 하나로 마쳤으나 하나로 마친 바가 없이 돌고 돌며 끊임없이 변화한다. 우리의 영혼 또한 불생불멸로 영원하며 생과 사를 따라 죽었다 살았다 하면서 영생한다.

우주란 밤과 낮이요, 일주일이요, 한 달이요, 365일이요, 일이삼사오육칠팔구십이요, 시방세계^(十方世界)요, 천지인^(天地人)이요, 우주만유^(宇宙萬有)요, 세상만물이다.

우리 인간은 이러한 우주의 진리를 크게 깨닫고 삶의 터전으로 삼아서 건강하고 지혜롭고 행복하고 평화롭게 잘 살아가야 한다.

우리 인간은 만물 가운데 한 존재요, 우주 안의 한 티끌에 불
과하다.

우리 인간은 항상 섬김의 자세로 살아가야 한다.
세상만물을 하나님처럼 섬기고 부처님으로 섬기며 살아가야
낙원세계가 건설된다. 지상낙원이 이루어진다.

사람이 곧 하늘이다.
사람 섬기기를 하늘같이 하고 보면
모두가 다 부처요, 모두가 다 하나님이요,
모두가 다 참 사람된다.

천부경은 하늘이 내린 부적(符籍)이다. 그러므로 우리가 천부경
을 귀하게 여기고 잘 보존하고 잘 알고 잘 전하는 것도 매우 중
요하다. 하지만 그보다 더 중요한 것은 천부경이 바로 우리 목
숨이 되고 물이 되고 밥이 되고 생활이 되어 하늘 사람으로 잘
사는 것이다. 천부경이 곧 내가 되고 내가 곧 천부경이 되는 것
이다.

2 천부경은
참사람을 원한다

태초에 한 빛, 한 기운이 있어 하나로 시작하였으나 하나로 시작한 그 하나는 하나로 시작한 바가 없고(一始無始一 일시무시일) 하나로 시작된 그 하나는 음과 양의 조화로(석삼극:析三極) 세상만물을 다 생성(三生萬物 삼생만물)하였도다. 만물의 근본에 있어서는 변한 바가 없기 때문에 그 근본에 있어서는 본래가 하나이다(無盡本 무진본).

하늘의 하나는 첫째의 하나(天一一 천일일)요,
땅의 하나는 하늘과 땅의 둘(地一二 지일이)이요,
사람의 하나는 하늘과 땅과 사람의 셋(人一三 인일삼)이다.
하늘의 하나는 해와 달의 하늘이요, 음양오행의 하늘이요, 일월성신의 하늘이며, 땅의 하나는 해와 달과 별들과 지구의 땅이다. 사람의 하나는 해와 달과 별들과 세상만물의 사람이다.

하나가 쌓이고 쌓여 열이 됨(一積十 일적십)에 크고 커서 다함이 없

으나(鉅無櫃 거무궤) 천지간의 조화는 삼수(三數)의 원리에서 비롯됨(化
三 화삼)이다. 음(1)과 양(2)의 변화(3)가 쌓이고 쌓여 우주(10)가 됨에
우주의 변화는 크고 커서 끊임이 없으나 우주의 변화는 음(1)과
양(2)과 조화(3)로 비롯됨이라.

하늘 둘이 셋(天二三 천이삼)이 되고 땅 둘이 셋(地二三 지이삼)이 되고 사
람 둘이 셋(人二三 인이삼)이 되나니, 하늘은 그냥 하늘이 아니라 땅
과 사람의 하늘이라야 빛나는 하늘이고, 땅은 그냥 땅이 아니
라 하늘과 사람의 땅이라야 아름다운 땅이며, 사람은 그냥 사
람이 아니라 하늘과 땅의 혜택(惠澤) 속에서 살아감을 아는 사람
이라야 참사람이다.

하늘은 해와 달과 별들의 자전(自轉)과 공전(公轉)으로 변화하고 땅
은 해와 달과 별들과 지구와 만물의 생로병사로 변화하며 사
람은 해와 달과 별들과 세상만물과 인간의 심신작용으로 변화
하나니, 그 큰 셋이 합하여 여섯(大三合六 대삼합육)이 되고 또다시 칠
팔 구를 낸지라(生七八九 생칠팔구) 삼과 사가 움직여 순환(運三四成環 운삼사
성환)을 하면 다섯과 일곱은 하나에서 묘하게 불어남(五七一妙衍 오칠
일묘연)이라. 만 번 가고 만 번 오는(萬往萬來 만왕만래) 용(用)은 변화하나
근본 체(体)는 동하지 않나니(用變不動本 용변부동본) 사람의 근본은 마음
(본심 本心)이나 그 근본 마음을 닦고 닦아서 진리의 태양이 높이
솟고 보면(本太陽 본태양) 천심(天心)이 인심(人心)이요, 인심(人心)이 곧 천
심(天心)이다.

이에 사람이 중도^(中道, 眞理, 道)를 밝게 밝혀 높이 받들고 보면^(仰明 人中 앙명인중) 천지도 또한 하나^(天地一 친지일)이니 사람이 목적한 바 하나의 큰 원을 이루었다 하나 그 하나는 큰 원을 이룬 바가 없느니라^(一終無終一 일종무종일).

— 天符經(천부경) —

태초에 하나로 비롯하였으나 하나로 비롯한 바가 없다 함^(一始無始一)은 시작도 없고^(無始) 생함도 없는^(不生) 진리^(道, 中道)를 말한 것이고, 하나로 마쳤다 하나 하나로 마친 바가 없다 함^(一終無終一)은 끝도 없고^(無終) 멸함도 없는^(不滅) 진리^(中道, 道)를 말한 것이다.

천부경^(天符經)은 시작도 없고 끝도 없고^(一始無始一, 一終無終一) 생함도 없고 멸함도 없는^(不生不滅) 우주의 영원한 진리를 깨쳐서 세상에 큰 道人이 되라는 뜻이요, 원형이정 천지지도^(元亨利貞 天地之道)와 인의예지 성현지도^(仁義禮智 聖賢之道)인 중도^(仰明人中)를 크게 깨치고 받들어 홍익인간 이화세계^(弘益人間 理化世界)의 주인공이 되라는 하늘의 간절한 바람과 제불제성^(諸佛諸聖)님들의 간절한 염원^(念願)이 담긴 경전이라 하겠다.

우주^(宇宙)는 성주괴공^(成住壞空)으로 변화^(變化)하고 만물은 풍운우로 상설과 춘하추동을 따라 생로병사로 변화하며 사생^(胎生 · 卵生 · 濕生 · 化生)은 심신작용^(心身作用)을 따라 끊임없이 변화하면서 무한한 세계가 전개된다. 사람은 몸과 마음의 작용을 따라 희로애락애오욕 칠정의 감정이 일어났다 가라앉았다 하면서 흥망성쇠로 아웅다웅 살다가 한 줌의 흙으로 돌아간다.

천부경에서는 일에서 십까지의 숫자로 우주와 우주의 변화, 우주의 진리와 우주의 道를 설명하고 있다. 우주의 진리는 음과 양의 조화로 끊임없이 변화하고 있다. 우주란 우주만유(宇宙萬有)요, 우주대자연이요, 일월성신(日月星辰)이요, 음양오행(陰陽五行)이요, 하늘과 땅이요, 천지인(天地人)이요, 밝음과 어둠이요, 낮과 밤으로, 우주의 진리(道)를 말한다.

음과 양의 두 기운은 밝음(東)과 어둠(西), 따뜻함(南)과 차가움(北)으로 하늘과 땅과 동서남북과 사방팔방과 십방(시방) 세계를 우주라 한다. 음과 양의 조화는 풍운우로상설로 춘하추동을 낳았고 만물의 생로병사와 사생의 심신작용을 따라 흥망성쇠로 끊임없이 변화하면서 무한한 세계를 건설하고 있다. 이 세상에서 제일 큰 것으로는 만물을 싣고 있는 땅(地)이 있고, 일월성신을 거느리고 있는 하늘(天)이 있고, 만물의 영장인 사람(人)이 있다.

예전부터 사람들은 하늘과 땅과 사람을 천지인(天地人) 삼재(三才)라 하여 아주 크고 아주 귀하게 여겨왔다.

우주가 아무리 크다 하나 일월(日月)이 없다면 빈껍데기요, 천지(天地)에 해와 달이 밝고 크다 하나 사람이 없다면 빈 그림자에 불과하며, 이 세상에 사람이 많고 제아무리 귀하다 하나 중도(中道, 眞理)를 깨쳐 진리를 소유한 道人(聖者)만큼 크고 귀한 것은 없

다. 따라서 道를 닦고 깨쳐서 중도(진리)를 세상에 전하는 큰 도
인이 나오는 일은 하늘의 경사요, 세상의 경사이며, 사람의 일
가운데 가장 크고 값진 일이라 하겠다.

사람이 생(生)함도 없고 멸(滅)함도 없는 중도를 크게 깨치고 크
게 밝히고 크게 받들어서 세상에 크게 이익을 주는 것은 하늘
의 뜻임과 동시에 사람의 가장 중요한 과제이기도 하다. 하늘
이 크고 땅이 크지만 중도를 깨치고 밝히는 사람처럼 큰 것이
없기 때문에 앙명인중(仰明人中)이다.

천부경이 불생불멸의 진리인 중도(中道)를 크게 깨치라는 하늘의
메시지를 담고 있다면 삼일신고(三一神誥)는 지감공부(止感工夫)와 금
촉공부(禁觸工夫)와 조식공부(調息工夫)를 부지런히 잘하라는 내용이
담겨져 있다. 그리고 참전계경(參佺戒經)은 우리의 몸과 마음과 생
활을 청정히 하여 홍익인간(弘益人間) 이화세계(理化世界)의 큰 서원을
날로 달로 원만히 이루어가라는 간절한 바람이 담겨져 있다.

천부경의 숫자나 출처, 저작년도는 그다지 중요하지 않다. 왜
냐하면 하늘의 道가 성인(큰 도인)이 나기 전에는 하늘에 비장(秘藏)
되어 있고 성인(聖人)이 나면 하늘의 道가 성인에게 있으며 성인
이 가면 하늘의 道가 성인이 기록한 경전에 전해져 오기 때문
이다. 또한 하늘의 道는 천부경이 문자화되기 전에도 있었고,
수많은 수도인이 스스로 깨달은 비법들을 면면히 전하고 있으
며, 수많은 경전 속에 천부경의 내용이 전해져 오고 있고, 지금

도 수많은 사람이 하늘의 道를 알기 위해 힘쓰고 있기 때문이
다.

천부경에 나오는 일(1)에서 십(10)까지의 숫자는 하늘(天)인 우주(시
방세계)를 말한 것이요, 일(1)에서 구(9)까지의 숫자는 하늘의 변화
인 우주의 진리를 설명한 것이다. 우주의 진리는 음과 양의 조
화로 끊임없이 변화하고 있다. 우주의 진리가 끊임없이 변화
한다고 하는 사실은 변함이 없고 영원하기 때문에 시작도 끝도
없다고 한 것이요, 생함도 멸함도 없다고 한 것이다.

천부경은 시작도 없고(一始無始一) 끝도 없고(一終無終一) 생함도 멸함
도 없는(不生不滅) 우주의 진리를 크게 깨친 큰 道人들이 되어서
세상을 널리 이롭게 하라는 하늘의 간절한 바람이 담겨진 경전
이다. 천부경은 참사람을 간절히 원하고 있는 것이다.

천부경은 우주의 진리와 하늘의 이치와 자연의 섭리를 깨치고
깊이 성찰하도록 일깨워 주고 있음은 물론 인간의 내면세계와
인간의 도리와 인간 세상을 더욱더 깊이 성찰하고 깨치도록 강
조한 측면도 담겨져 있다.

천부경에는 우리의 생사 문제와 인생살이에 대한 교훈을 담고
있다. 일시무시일(一始無始一)은 태어났으되 태어난 바가 없다는
뜻이요, 일종무종일(一終無終一)은 죽었으되 죽은 바가 없다는 의
미로 우리 생사 문제인 불생불멸(不生不滅)의 진리를 말한 것이라

할 수 있겠다. 우리의 생(生)과 사(死)가 하나라는 생사일여(生死一如)를 강조한 것이요, 우리의 영혼은 영생불멸(永生不滅)함을 말한 것이다.

우리의 전생 영혼이나 금생 영혼이나 내생 영혼이 하나이기 때문에 군자의 道인 인(仁)과 의(義)와 예(禮)와 지(智)를 잘 실천하여 수많은 성인군자가 배출되기를 간절히 염원하고 있는 것이다.

천부경의 내용은 어쩌면 우주의 문제도 윤리도덕의 문제도 진리와 道의 문제도 인간의 문제도 아니다. 오직 각자각자의 개인 문제인 것이다. 각자각자의 진화를 위한 수련 과정을 정리해 놓은 것이요, 수행의 과정을 설명한 지도(수행도)인 것이다. 사람 씨앗인 우리의 영혼을 아름답게 잘 가꾸어가라는 간절한 바람이 담긴 경전인 것이다.

맨 처음의 영(0)은 우주요, 자연이며. 죽음이요, 소멸이요, 사라짐이다. 무(無)요, 공(空)인 것이다. 세상만물은 모두가 다 생성(生成)과 파괴(破壞)와 소멸(消滅)을 따라 나타났다 사라졌다를 반복하면서 끊임없이 변화하고, 사람들은 생로병사를 따라 죽었다 살았다를 반복하면서 끊임없이 변화한다.

일(1)은 죽음을 맞이하여 육신과 분리된 사람 씨앗인 영혼이요, 밝음의 빛이요, 혼불(혼령=魂靈)이요, 일시무시일(一始無始一)의 하나인 것이다.

둘(2)은 영혼과 어머니와 아버지와의 만남인 환생이요, 어머니와 새 생명의 만남인 어머니의 임신(任神)인 것이다.

삼(3)은 새로운 탄생이요, 태어남이요, 새 사람으로의 새 출발이다. 한 인간으로 한 인격체로의 새로운 출발인 것이다.

넷(4)은 조식공부(調息工夫=숨공부)인 명문호흡이요, 영혼호흡이요, 영혼의 숨결이다. 영혼의 마음인 양심적인 삶이요, 지혜의 등불로 슬기롭게 잘 살아가는 인생길인 것이다.

다섯(5)은 건강한 몸으로 우리의 오장육부를 잘 다스리는 금촉공부(禁觸工夫)요, 건강하게 잘 먹고 잘 싸고 잘 사는 공부인 것이다. 건강하고 지혜롭고 행복하게 잘 살아가는 공부다.

여섯(6)은 사람 씨앗인 우리의 영혼을 잘 가꾸어 가는 지감공부(止感工夫)요, 마음공부인 것이다. 지나친 감정 표현으로 인하여 우리의 몸과 마음이 상처를 받고 우리의 영혼이 빛을 잃지 않도록 하는 공부다.

일곱(7)은 음양오행인 우주와 춘하추동의 변화인 자연을 잘 알아서 평화로운 삶의 터전을 잘 만들어가는 공부인 것이다. 우리의 주위 환경을 잘 가꾸고 잘 관리하고 자연을 잘 사랑하는 공부다.

팔(8)은 인의예지신(仁義禮智信)인 윤리도덕과 예의범절과 삶의 철학을 잘 배우고 잘 익혀서 모범적인 인간으로 잘 살아가는 공부인 것이다. 선인선과와 상생선연으로 사회생활과 인간관계를 잘 맺어가는 공부다.

구(9)는 인간으로서의 원만한 인격을 잘 갖추어서 큰 道人이 되는 것이요, 성불(成佛)이요, 성인(成仁)을 이루는 것이다. 홍익인간 이화세계의 주인공들이 되는 것이다. 대중의 환영과 존경과 보호를 받으며 성인군자로 잘 살아가는 것이다.

십(10)은 마지막인 마침의 영(0)이요, 완성(完成)이요, 영생(永生)이요, 생사일여(生死一如)요, 일종무종일(一終無終一)의 불생불멸이요, 영혼불멸의 영혼인 것이다. 무(無)는 유(有)로, 유는 무로, 돌고 돌며 끊임없이 생과 사를 반복하는 것이다. 생로병사를 따라 영생을 잘 하라는 간절한 말씀이요, 바람인 것이다.

결국 천부경의 말씀은 우리 모두가 다 홍익인간 이화세계의 큰 꿈을 잘 이루어서 건강하고 지혜롭고 행복하게 오래도록 잘 살라는 당부의 말씀이 담긴 경전인 것이다.

우리의 생로병사는 끊임없이 반복을 거듭한다. 변함이 없는 우리의 영혼은 새로운 환생과 태어남과 인생살이(삶)와 죽음을 반복하면서 영원히 살아간다. 사람은 누구나 다 생과 사를 따라, 생로병사를 따라, 죽었다 살았다를 반복하면서 영생하는 것이다. 따라서 잘 태어나서 잘 살다가 잘 죽는 사람이라야 또다시 잘 태어나서 오래도록 잘 살아가는 것이다. 이 말은 곧 지혜롭게 잘 산 사람이라야 또다시 좋은 부모를 만나서 잘 태어날 수 있고, 건강한 몸으로 잘 태어난 사람이라야 인의예지(仁義禮智)인 성인군자의 道를 잘 배우고 잘 실천할 수 있어서 큰 사람이 될 수 있으며, 큰 인격을 잘 갖춘 사람이라야 세상을 크게 유익줄 수 있다는 말이다. 그래서 태어났으되 태어난 바가 없고 죽었으되 죽은 바가 없다고 한 것이다.

사람은 누구나 다 선인선과(善因善果)로 잘 살다가 잘 죽어야 또다시 잘 태어나서 잘 살 수가 있다. 인의예지를 잘 배우고 잘 실천한 사람이라야 성인군자가 될 수가 있고 또한 큰 인격을 잘 갖춘 사람이라야 세상에 크게 유익을 줄 수가 있는 것이다.

우리의 목숨은 죽음으로, 죽음은 영혼으로, 영혼은 새몸으로 돌고 돌아 생(生)과 사(死)가 둘이 아니나 우리의 영혼은 생사를 따라 영혼의 숨결로 여여자연(如如自然)하는 것이다. 우리의 영혼은 생사를 따라 혹은 진급으로 혹은 강급으로 혹은 선(善)한 사람으로 혹은 악(惡)한 사람으로 돌고 돌며 끊임없이 환생(幻生)을 거듭하면서 영원히 살아가는 것이다. 영혼불멸(靈魂不滅)과 선인선과(善因善果)와 인의예지신(仁義禮智信)이 만고불변(萬古不變)의 대진리(大眞理)인 것이다.

우주는 끊임없이 변화하고 있지만, 밝음의 빛 때문에 변화의 모습을 볼 수가 없거나 너무 느리게 변하거나 너무 빠르게 변하거나 볼 수 없는 어둠 속에서 변하고 있거나 변화를 모르기 때문에 없다고 하고 변하지 않는다고 할 뿐이다. 그래서 나타난 현상세계를 유(有)의 세계, 색(色)의 세계, 혹은 양(陽)의 세계, 혹은 밝음의 세계라 하고, 보이지 않는 세계를 무(無)의 세계, 공(空)의 세계, 음(陰)의 세계, 어둠의 세계라 할 뿐이다.

그런데 이러한 변화의 주체는 해와 달과 별들로, 해와 달과 별들은 자전(自轉)과 공전(公轉)을 통하여 바람과 구름, 비와 이슬, 서리와 눈이 무위이화(無爲而化)의 원리에 의해 자동적으로 생겨나서 봄, 여름, 가을, 겨울의 구분이 생겨나고, 지구상의 만물(식물,곤충,동물,사람 등)들이 태어나 병들고 늙고 죽어가면서 끊임없이 변화하는 가운데 무량세계(無量世界)를 건설해 간다.

우리 인간은 이러한 우주와 자연의 변화 속에서 우리의 몸과 마음이 건강할 수 있도록 끊임없이 공부하고 노력해야 한다. 또 우리의 몸과 마음을 지혜롭게 잘 써서 항상 건강하고 행복하고 평화롭게 잘 살아갈 수 있도록 해야 한다. 우리 영혼의 영적 진화(진급)를 위해서 끊임없이 노력해야 한다.

우리 영혼의 영적 진화(靈的進化, 진급)를 위한 구체적인 방법으로는 참선과 기도와 명상 등이 있다. 이들 참선과 기도와 명상은 조식법(調息法)인 숨공부(호흡법)가 핵심이다.

숨공부는 곧 단전주선법^(丹田住禪法, 단전호흡)이요, 태식법^(胎息法, 태중호흡)이요, 명문호흡^(命門呼吸)을 말한다.

명문호흡은 명문단전^(命門丹田)을 통한 태중호흡으로 우리의 몸 속 오장육부와 수억만 개의 세포 생명체 하나하나가 다 숨이 되고 공기^(산소)가 되고 빛이 되고 밝음인 광명^(光明)이 되게 하는 공부다. 그리하여 결국은 숨공부인 태중호흡을 통하여 신체^(身体, 肉体)가 신체^(神体, 빛의 몸)가 되고 광체^(光体)가 되고 도체^(道体)가 되게 하여 道人이 되고 神仙이 되고 聖人이 되고 眞人이 되자는 것이다.

하늘은 우주의 진리를 크게 깨친 道人을 원하고, 세상은 인의예지신을 잘 실천하는 성인군자를 원한다. 하지만 우리 이웃들은 진실한 참사람을 원한다. 왜냐하면 道人이나 성인군자는 되기가 참으로 힘들다. 하지만 참사람은 되기가 참으로 쉽다. 양심 하나만 잘 지키고 실천하면 되기 때문이다. 그러나 양심 하나를 오래도록 일생 동안을 잘 지키고 실천하기는 참으로 어렵다. 사람이 만일 양심 하나를 일생 동안 잘 지키고 실천한다면 그가 바로 도인이요, 성인군자인 것이다. 그래서 천부경은 참사람을 간절히 원하는 것이다.

제 4 장

천지창조 이야기

1 — 천지창조(天地創造)와 우주의 진리

하나님이신 조물주(造物主)께서는 하늘과 땅(天地)을 일주일(7일) 동안에 창조하셨는데 밝음의 빛과 어둠의 빛을 만들어 밝음을 낮이라 하고 어둠을 밤이라 하셨다. 여기에서 밝음은 양(陽)이요, 어둠은 음(陰)이며, 음양은 하루(밤과 낮)요, 하루는 우주(宇宙)이다.

음양인 하루를 중심으로 한 변화 속에서 일주일 동안 천지(하늘과 땅)가 창조되었는데 이것은 음양오행(음양2+오행5=7)으로 이루어진 우주를 설명한 것으로 우주의 진리를 깨치라는 의미이다.

자연의 섭리인 우주의 진리를 깨쳐서 우주적으로 자연의 섭리를 거스르지 말고 잘 살라는 메시지이다. 그러므로 세상만물은 모두 다 하나님의 창조물이 아닌 것이 없고 하나님이 아닌 것이 없다.

음양오행(陰陽五行)이란 해와 달과 화성, 수성, 목성, 금성, 토성으로 밤과 낮의 하루요, 일주일이요, 한 달이요, 일 년이요, 우주 이며 우주의 변화와 우주의 진리를 말한 것이다.

음양오행(陰陽五行)은 밝음의 낮과 어둠의 밤이 안식일(安息日)의 일 요일이요, 밝음의 낮과 어둠의 달밤이 월요일이요, 밝음의 낮 과 어둠 속 화성의 밤이 화요일이요, 밝음의 낮과 어둠 속 수성 의 밤이 수요일이요, 밝음의 낮과 어둠 속 목성의 밤이 목요일 이요, 밝음의 낮과 어둠 속 금성의 밤이 금요일이요, 밝음의 낮 과 어둠 속 토성의 밤이 토요일로, 일주일의 변화를 설명한 것 이다.

동양(東洋)에서는 우주의 진리를 음양의 조화, 혹은 음양오행이 라 했고, 서양(西洋)에서는 우주의 진리를 밝음의 낮과 어둠의 밤 인 하루와 일주일의 변화로 보았다.

또한 음양오행이란 우리 인간의 몸과 마음인 육장육부를 설명 한 것으로도 볼 수 있다. 일요일은 태양의 밝음으로 하루 중 낮 을 의미하고 삼초경이라 할 수가 있다. 월요일이란 낮과 반대 인 밤으로 심포경에 해당이 된다. 화요일은 심장과 소장이요, 수요일은 신장과 방광이요, 목요일은 간과 담경이요, 금요일은 폐와 대장이요, 토요일은 췌장과 위경으로, 우리 육장육부를 건강하고 튼튼하게 잘 다스려 매일매일을 행복하게 잘 살라는 의미도 내포되어 있다고 하겠다.

동양에서는 일에서 구까지^(1~9)를 우주의 변화로 보고 일에서 십까지^(1~10, 十方世界)를 우주로 보았지만, 서양에서는 일에서 칠까지^(1~7)를 우주로 보고 밤과 낮, 밝음과 어둠의 변화인 하루를 우주의 변화로 보았다고 할 수 있다.

동양에서는 태양이 어둠의 밤으로부터 동쪽에서 떠오르기 때문에 음양이라 했고 어둠의 달을 중심으로 한 음력을 사용했다. 서양에서는 동쪽에서 태양이 떠올라 서쪽을 먼저 비추기 때문에 밝음의 빛으로부터 새 아침이 출발했다고 해서 양음으로 해석했으며 밝음의 태양을 중심으로 한 양력을 사용했다.

똑같은 하늘과 땅, 우주를 놓고 동양에서는 음양오행으로, 서양에서는 밝음과 어둠인 하루를 중심으로 일주일^(해·달·화성·수성·목성·금성·토성)로 보고 있음을 알 수 있다.

다시 말해서 일주일 동안에 조물주가 천지를 창조하였다는 말은 우주의 진리를 설명한 것으로 없는 무^(無)의 세계에서 있는 유^(有)의 세계로 변화되는 우주의 현상을 말한 것이다. 하늘의 진리를 깨쳐 하늘 사람이 되고 하늘 삶을 살라는 말씀이다. 창^(創)이란 '비로소'라는 뜻으로 처음 시작함을 말하며 조^(造)란 무^(無)에서 유^(有)로의 변화이다. 우주의 진리는 무에서 유로 유에서 무로 돌고 돌며 끊임없이 변화하는 것이다.

조물주께서 천지를 창조하였다는 이야기는 우주의 진리를 깨쳐서 진리로, 하나님으로 새 출발하라는 의미요, 매일매일의 삶을 하나님의 마음으로 잘 살라는 뜻이 담겨져 있다.

천지창조란 곧 음양오행이요, 하루요, 일주일이요, 우주의 진리요, 우주의 변화이다. 천지창조란 무(無)의 세계에서 하나로 출발하였으나, 하나로 출발한 그 하나는 하나로 출발한 바가 없고(一始無始一), 하나로 마쳤다고 하지만 하나로 마친 바가 없다(一終無終一)는 뜻이다. 생함도 없고(不生) 멸함도 없다(不滅)는 뜻이다. 하나님인 우주의 진리는 시작도 끝도 없고, 생함도 멸함도 없이 끊임없이 변화한다.

우주의 진리는 끊임없이 변화하며 영원히 존재한다. 아무것도 없는 무의 세계에서 우주만유(宇宙萬有)의 있는 세계로, 또다시 유의 세계에서 무의 세계로 끊임없이 변화하면서 존재하는 것이 우주의 진리요, 우주의 道이다. 동양과 서양은 하나다. 동양의 땅이나 서양의 땅이 모두 다 한 지구이다. 진리와 道와 하나님도 하나다.

하나님은 천지를 창조하시고 맨 마지막에 사람을 자신의 모습처럼 만든 다음 숨을 불어 넣어 천지창조를 마치셨다. 이것은 우주의 진리를 크게 깨쳐 사람다운 참사람이 되라는 의미요, 삼세(三世)의 인과(因果)인 전생의 나와, 금생의 나와, 내생의 내가 하나의 영혼인 하나님의 자리를 깨치라는 말이다. 우주의 진리와 인과의 이치를 깨치면 누구나 다 하나님이다.

우리 사람의 몸은 지(地, 먹을거리)와 수(水, 피)와 화(火, 36.5℃)와 풍(風, 들숨날숨)으로 구성되어 있다.

사람은 숨과 물과 땅에서 얻어진 먹을거리와 36.5℃의 온도로 살아간다. 그러므로 사람을 흙으로 만든 것이라고 하였으며 맨 마지막에 숨을 불어 넣었다는 것은 맨 처음 숨이 태어남이기 때문이다.

하나님께서 사람을 흙(土:토)으로 만들었다는 이야기를 신화적인 요소를 거두어내고 상식적으로 생각해 보면 칠흑 같은 밤의 잠자리(보금자리, 이브자리, 남녀관계)에서 하나님과 남자와 여자가 만나 사람을 잉태하여 여자의 자궁 속에서 10개월 동안 사람의 몸을 완성하고 맨 처음으로 탄생한 것을 의미한다.

사람은 어머니 뱃속에서 육장육부 가운데 폐(허파)가 맨 마지막에 완성되는데 태어나는 순간 폐가 완성되면서 숨이 멈추기 때문에 맨 처음 숨이 태어남이요, 맨 마지막 숨이 죽음이다. 우리의 숨 속에서 하나님의 숨결을 느끼고 우주의 진리를 깨쳐야 한다. 우리의 숨 속에서 우리에게 공기(산소)를 제공하는 나무들을 느끼고 자연을 느끼고 하늘과 땅을 느껴야 한다.

우리의 몸 안에 있는 적멸보궁(寂滅宝宮)과 성당(聖堂)을 먼저 잘 꾸미고 잘 관리해야 한다. 우리 몸 안에 살고 계시는 하나님이 늘 건강하고 행복하고 평화롭게 해야 한다. 우리의 오장육부가 다 성당이요, 적멸보궁이요, 몸 안 세포 하나하나가 모두 다 나의 하나님이요, 나의 주인들이다.

이 세상에 숨을 쉬지 않고 사는 사람들이 있을까? 물이 없다면 살 수 있을까? 먹지 않고서도 사는 사람들이 있을까? 없어서는 살 수가 없다면 그같이 소중한 것이 어디에 있겠는가. 이 세상에는 하나님 아닌 것이 없다. 우주가 다 하나님이요, 자연이 다 하나님이요, 세상만물이 다 참으로 귀하고, 참으로 거룩한 하나님인 것이다. 하나님과 자연이 하는 일과 어떻게 다를까. 만일 똑같다면 우주가 하나님이요, 밤낮이 하나님이요, 춘하추동이 하나님이요, 풍운우로상설이 하나님이요, 식물동물과 세상만물이 다 하나님이다. 이 세상엔 하나님 아님이 하나도 없다.

천지창조는 어제도 있었고 오늘도 있고 내일도 있을 것이다. 우리의 목숨과 더불어서 항상 있을 것이다. 우리의 삶과 더불어서 언제나 진행될 것이다. 천지창조는 영원할 것이다. 조물주는 창조요, 조화요, 변화요, 있음이다. 천지창조는 우주의 변화요, 자연의 섭리다.

2 ── 하늘의 심판과
노아의 방주

하늘은 사람뿐 아니라 세상 만물도 함께 심판한다. 하늘인 우
주의 수승화강(水昇火降)은 지구환경과 지구상의 뭇생명체들과 아
주 밀접한 관계를 맺고 있다.

태양의 열기(熱氣=양기陽氣=화기火氣)가 지구상에 내려오면 지구상에
있는 바닷물의 수기(水氣)가 하늘 위로 올라가서 구름과 비를 만
들게 된다. 그래서 풍운우로상설(風雲雨露霜雪)인 바람과 구름과 비
와 이슬과 서리와 눈을 만들고 춘하추동(春夏秋冬)인 봄과 여름과
가을과 겨울을 만들어 지구환경과 지구상에 살고 있는 모든 생
명체들을 능히 다 살리기도 하고 능히 다 죽이기도 하면서 심
판한다. 세상 만물의 생로병사를 주관하는 것이다.

하늘은 우주의 수승화강으로 풍운우로상설과 춘하추동을 만들
어 사람들은 물론 세상 만물을 능히 다 죽이기도 하고 능히 다
살리기도 한다. 그래서 지각(知覺)이 열린 사람들은 세상 만물의

생로병사를 변화로 알지만 그렇지 못한 사람들은 생과 사를 심판이다, 천벌(天罰)이다 하면서 두려워하는 것이다.

하나님께서 보시기에 세상은 타락해 있었으며, 사람들의 생각과 뜻이 모두 악하고 폭력으로 가득 차 있었다. 이에 하나님은 사람 만든 것을 후회하시며 마음 아파하셨다. 하지만 노아(Noah)의 가족들만은 늘 하나님과 함께하였으며, 의롭고 흠이 없었다. 하나님께서는 땅 위에 비를 내려서 홍수를 일으켜 하늘 아래 숨 쉬는 모든 것을 다 숨지게 하고, 노아의 가족들에게만 방주(배)를 만들어 홍수를 피하게 했는데, 여기에는 무슨 뜻이 있는 것일까?

하나님께서 보시기에 노아만이 의롭고 흠이 없다 하였는데, 흠이 없다는 이야기는 건강하다는 말이요, 우주의 숨을 잘 쉬고 있었기 때문에 하나님의 뜻에 충실하다는 말이다. 선악과(善惡果) 중에서 선인선과(善因善果)의 복락을 누리며 잘 살았다는 말이다. 그 외 다른 살아 숨쉬는 모든 것은 병들고 타락하여 건강을 잃었기 때문에 모두 다 거두신 것이다. 선악과(善惡果) 중에서 악인악과(惡因惡果)로 죄악과 고통 속에 빠져서 세상의 버림을 받았다는 말이다.

하나님께서는 노아에게 3층 배를 만들어 8명의 가족들과 함께 각종 가축, 각종 동물, 각종 식물, 각종 먹을 식량들을 싣게 하여 대홍수로 인한 환란으로부터 살아남게 하였다. 아마도 이것은 세상에 대한 욕심을 버리고 하나님 마음^(우주의 마음)으로 돌아가 가족들과 더불어 열심히 기도하라는 메시지일 것이다. 건강하고 지혜로운 몸과 마음을 만들라는 의미이다. 3층 배란 사람을 상징하는 것으로, 상단전, 중단전, 하단전을 닦고 닦아서 하나님 뜻을 어기지 말고 지혜롭게 잘 살라는 간절한 당부의 메시지이기도 하다.

노아의 방주에 8명의 사람만 생존케 했는데, 이 또한 우주의 진리^(1~7)를 크게 깨치고 깨쳐서 우주의 진리를 세상에 새롭게 널리 펼치라^(8일째, 새로운 출발)는 의미가 담겨져 있다고 생각할 수 있다. 여기에서 8이란 새로운 출발이요, 우주의 새로운 변화를 의미한다.

또한 노아의 방주는 사람이 타는 배일 수도 있지만 상징적으로 생각해보면 사람의 배꼽 아래 하단전일 수도 있고, 기도하는 핵심 터전인 단전토굴^(적멸보궁)일 수도 있다. 그러므로 대환란의 시대에는 세상욕심을 버리고, 자연으로 돌아가서 기도^(수도)하라는 메시지요, 우주의 진리를 크게 깨친 큰 도인이 되라는 메시지요, 세상에 크게 유익을 주는 존경받는 큰 인물이 되라는 뜻이 담겨져 있다 하겠다.

어찌 하나님께서 살아있는 목숨들을 빼았겠는가! 사람의 악한 마음과 타락한 죄악들을 쓸어버리겠다는 것이며, 우리 인간의 탐심과 진심과 치심들을 말끔히 쓸어버리겠다는 말씀이다. 삼독심(三毒心)의 싹을 잘라버리겠다는 말씀이다.
그리하여 착하고 어진 사람으로 되돌아가라는 말씀이다.

또한 하나님께서는 물(홍수)로 세상을 심판하시겠다고 하였는데, 여기에서 말하는 물이란 풍운우로상설(風雲雨露霜雪)로 바람과 구름과 비와 이슬과 서리와 눈을 의미한다.

우주의 진리는 음양의 조화로, 풍운우로상설과 춘하추동과 만물의 생로병사로 끊임없이 변화하며, 이 지구상에서 살아 숨 쉬는 모든 생명체는 흥망성쇠(興亡盛衰)를 따라 생겼다 사라졌다 하는 것이다.

사람들의 죄악이 땅을 덮고 하늘을 찌르면, 하늘이 심판을 한다. 사람들의 욕심이 하늘을 찌르면 비와 바람으로 심판하고, 사람들이 서로 싸우고 증오하면 불과 가뭄으로 심판하고, 사람들이 어리석어 죄악으로 살면 추위와 폭설로 심판한다.

우리가 하늘의 심판으로부터 자유로우려면 자연의 섭리에 잘 순응해야 하며 자연의 변화를 거스르지 않고 자연의 품으로 되돌아가야 한다. 자연을 포근한 안식처로 여겨야 하며 우주의 진리와 인과의 이치를 깨쳐야 한다.

자연으로 돌아가라. 자연과 더불어 함께 잘 살아가야 행복이 찾아오고 평화가 깃든다. 우리가 꿈꾸는 낙원의 세계가 건설된다.

제 5 장

선도(仙道) 이야기

1 _ 불로장생(不老長生)과
불로초(不老草)

사람이 죽지도 늙지도 않고 오래 오래 산다는 것은 우리 모두의 꿈이자 바람이다. 그러나 그런 경우는 지금까지 본 적도 들은 적도 없다. 그렇다면 불로장생한다는 것은 무엇을 의미할까.

불로(不老)란 우리 영혼을 말한다. 우리 영혼은 생로병사를 따라 죽었다 살았다 하면서 영원히 살아간다. 우리의 영혼은 생과 사를 초월하여 영생을 하는 것이다. 장생(長生)이란 인간의 영생(永生)을 의미한다. 삼세(三世)의 인과를 따라 우리의 생과 사가 끊임없이 돌고 돈다는 생사윤회(生死輪廻)를 말하는 것이다. 우리의 영혼은 늙지도 죽지도 않고 영원하며 영생을 한다.

불로장생이란 영혼불멸(靈魂不滅)을 의미한다. 불생불멸(不生不滅)의 이치를 말한 것이다. 일시무시일(一始無始一) 일종무종일(一終無終一)의 이치와도 일맥상통하는 말이다. 불생불멸의 영혼으로 영원히 살아가는 것이다. 영생을 하는 것이다. 선인선과의 복락으로 오래도록 건강하고 지혜롭고 행복하게 잘 살라는 말이다.

그렇다면 불로초(不老草)란 무엇을 의미할까. 불로초란 선경(仙境)에 있는 신통한 효험이 있는 약이란 말이다. 불로초를 먹으면 늙지도 않고 오래도록 산다는 풀을 말한다. 과연 이러한 풀(음식)이 이 지구상에 있는 걸까.

불로초란 우리 영혼의 음식이요, 우리 영혼에게 꼭 필요한 약초로 영생을 의미하고 있다. 우리가 영생의 이치를 깨치면 자기 구원을 마치는 것이다. 우리의 영혼은 입으로도 먹을 수 없고 코로도 먹을 수 없다. 왜냐하면 육신이 없기 때문이다. 그렇다면 어떤 음식이 있을까. 그것은 다름 아닌 다시 태어나는 것이다. 불로초란 결국 영생(永生)이요, 환생(還生)이요, 재림(再臨)이요, 부활(復活)인 것이다. 불로초란 먹는 음식이 아니라 영생하는 것이요, 구하는 것이 아니라 영생의 길을 깨치는 것이다. 사람이 환생하려면 삼세의 인과를 깨쳐야 하고 생사윤회를 믿어야 한다. 사람이 죽어서 다시 태어나려면 아버지의 정자와 어머니의 난자와 사람의 영혼이 만나야 한다. 삼신(三神)이 만나야 하는 것이다. 그래야 영생으로 이어지고 환생이 있고 재림이 있고 부활이 있고 불로장생이 있는 것이다.

우리 영혼에 있어서 새로운 탄생은 새 생명을 얻는 것이다. 따라서 우리 영혼의 음식은 다름 아닌 산소(○○)로 새로운 목숨을 의미한다. 어머니의 임신^(잉태)을 말하는 것이다.

아버지의 정자^(精子=精蟲-정충)는 엄밀히 말하자면 액체 산소인 것이다. 그러므로 아버지들은 자기 자식들을 자식^(子息)이라 하는 것이다. 자식이란 정자의 숨^(산소)이요, 아버지의 숨이기 때문이다.

우리의 새로운 탄생은 남자인 아버지와 여자인 어머니와 죽은 사람의 영혼이 한자리에서 동시에 만나야 이루어진다. 우리 인간은 그냥 아무렇게나 다시 태어나는 것이 아니다.

목숨이 없는 우리의 영혼은 아버지와 어머니가 서로 만나서 새로운 아버지로부터 목숨의 산소를 건네 받아야만 새로운 목숨으로 또다시 새로운 삶을 시작하게 되는 것이다. 새로운 생명으로 새롭게 다시 태어난 우리의 영혼은 어머니의 자궁으로 이동하여 새로운 보금자리를 새롭게 마련한다. 어머니의 자궁에 도착한 새로운 생명은 10개월 동안을 어머니와 함께 살아가기 위해서 어머니의 자궁에 뿌리를 내리게 되는데 이 뿌리가 바로 탯줄인 것이다.

인간의 새 생명은 탯줄을 통해서 불로초를 먹으며 살아가는 것이다. 입으로 먹는 것도 아니요, 코로 먹는 것도 아닌, 뿌리로 음식을 먹고 자라는 것이다. 영혼의 숨결로 살아 숨 쉬는 것이다. 결국 영혼의 숨결이란 씨앗호흡이요, 뿌리호흡이요, 태중호흡인 것이다.

우리의 영혼은 불로초를 먹으며 새로운 몸인 오장육부를 10개월 동안에 완성하는 것이다. 그러므로 불로장생이란 우리의 영혼이 영생을 한다는 영혼불멸(靈魂不滅)인 것이다. 또한 불로초란 우리의 영원한 생명을 의미하는 것으로 들숨과 날숨을 따라 숨을 쉬었다 멈추었다 하면서 영생을 하는 것이고 생로병사를 따라 죽었다 살았다 하면서 영원히 살아가는 것이다.

우리가 늙지도 죽지도 않고 오래도록 잘 살려면 영생의 이치를 깨쳐서 영생을 얻으면 된다. 그리하여 매일매일 순간순간을 태중호흡인 영혼의 숨결로 영생을 살아가면 되는 것이다.

사람은 누구나 다 자기 자신으로부터 와서 자기 자신을 위해 살다가 또다시 자기 자신으로 돌아간다. 그리고 또다시 새로운 부모를 만나서 새롭게 새 몸으로 새 생명으로 태어나는 것이다. 그러므로 불로장생이요, 영혼불멸이요, 불생불멸의 영혼으로 영생을 하는 것이다.

사람은 어머니의 뱃속에서 태어나는 순간 탯줄은 막히고 숨구멍과 목구멍이 열리고 또다시 산소와 음식을 동시에 먹으며 살아간다. 그리고 자기 자신의 영혼은 자기 자신의 배꼽인 신궐(神闕)에 의지하여 안식(安息)을 취하게 된다. 목숨이 다하는 순간까지 명문(命門)에서 잠을 자는 것이다. 영혼과 육신이 한 몸 한 마음 한 삶이 되는 것이다.

마치 밤나무의 뿌리에 밤나무의 씨앗이 붙어있는 것과도 같다.

그래서 우리의 옛 조상들은 밤나무로 조상들의 위패(位牌=神主-신주)를 만들었고 신주단지 모시듯 아주 귀히 여겼다.

그리고 녹차나무는 그의 열매(씨앗)가 1년 동안 자라게 되는데, 자기 자신의 씨앗이 또다시 새롭게 만들어지는 것을 보고 떨어진다. 자기 자신의 꽃과 열매를 보고서야 떨어지는 것이다. 그래서 녹차나무를 영생의 나무라 하고 생과 사가 하나인 나무라 하여 불로초라고도 한다. 아주 귀한 음식이란 뜻이다.

사람은 목숨의 숨을 쉴 때에는 영혼과 육신이 하나이나 목숨의 숨이 멈추게 되면 영혼은 자신의 몸에서 빠져나와 새로운 부모를 찾아 새롭게 또다시 태어난다. 따라서 삶과 죽음이 없고 생사불이(生死不二)로 생로병사를 변화로만 생각한 것이다. 그래서 생사불이요, 영혼불멸이요, 불로장생인 것이다. 다만 우리의 영혼과 육신이 서로가 만났다 헤어졌다를 반복하면서 살아갈 뿐이다.

사람은 오직 자기 자신의 향상과 진급을 위해서만 살아갈 뿐이다. 사람은 영혼과 육신이 하나일 때에만 자기 자신의 씨앗을 가꿀 수 있다. 자기 자신의 영혼을 더 아름답고 더 빛나게 하기 위해서 새 몸이 필요한 것이다. 육신이 없는 영혼만으로는 향상과 진급의 길을 걸을 수 없기 때문에 반드시 새롭게 다시 태어나야 하는 것이다.
선도(仙道)는 종교가 아니다. 다만 불로장생을 위해 불로초를 구하는 사람들일 뿐이다. 영생을 사는 사람들인 것이다. 영생을 위해 열심히 살아가는 사람들이다. 그러므로 선도의 길을 가는 사람들은 아무런 이해관계가 없다. 오직 영생의 길로만 갈 뿐이기 때문이다. 오직 자기 자신을 위해 열심히 살아갈 뿐이다.

선도의 길을 가는 사람들은 오직 자기 자신을 위해 열심히 살다가 자기 자신의 영혼으로 돌아간다. 그리고 또다시 새로운 부모를 만나 새롭게 태어날 뿐이다. 그리고는 또다시 자기 자신을 위해 열심히 살아갈 뿐이다. 태중호흡으로 자기 자신의 씨앗인 영혼을 부지런히 가꾸어가는 것이다.

2 선도(仙道)란
무엇인가

사람은 누구나 다 자기 자신이 이 세상에서 제일 멋있는 사람이 되고 싶어한다. 그리고 이 세상에서 가장 멋있게 잘 살고 싶어한다. 신선(神仙)이 되기를 꿈꾸고 바라는 것이다.

신선(神仙)이란 누구나 다 산(山)에 살면 신선(神仙)이다. 신선의 선(仙)이란 인변(亻)에 뫼산(山)이기 때문이다. 그리고 누구나 다 산에 가면 신선이 되는 것이다. 신선이란 결국 건강한 몸과 지혜로운 마음으로 행복하게 잘 사는 사람들이다. 신선놀음을 즐기는 사람들인 것이다.

사람들은 바다에서 갓 잡아온 생선을 보고 신선하다고 하고, 밭에서 막 뽑아온 채소를 보고 신선하다고 한다. 따라서 누구나 다 건강하고 싱싱하고 신선하고 행복하게 잘 살면 신선인 것이다. 신명(神明)나게 잘 살줄 알면 신선이 되는 것이다.

신선을 그리라고 하면 사람들은 대개 물이 흐르는 산속 정자에서 바둑(장기)을 두거나 차를 마시는 그림을 그린다. 또한 천년을 산다는 소나무와 깊은 산속에서만 산다는 흰호랑이를 함께 그린다. 그리고 신선을 그릴 때는 흰머리 흰수염 흰옷 흰신발과 함께 자기 키보다 더 긴 지팡이를 들고 있다. 이것은 아마도 불로초를 먹고 사는 신선을 상징하는 동시에 불로장생을 의미하는 것이다. 또한 신선놀음에 도끼자루 썩는 줄모른다고 하는데 이 또한 불로장생의 이치를 깨쳐서 불로초를 얻으면 생로병사와 생사를 초월한다는 말이다. 한편으로는 헛되이 살지 말라는 경고이기도 하다. 신선이 되면 생사와 생로병사를 초월하게 된다는 것이다. 불로장생이란 결국 영혼불멸이요, 불로초란 영생을 의미한다.

사람이 자연 속에서 신선으로 산다는 것은 우주인 일월성신을 친구로 가족으로 함께 살아간다는 것이다. 자연인 풍운우로상설과 춘하추동과 세상만물과도 함께 더불어 살아간다는 말이다. 그리고 만물의 생로병사를 지켜볼 줄도 알아야 하고 약육강식의 처절한 현실도 목격하면서 의연히 살아야 하고 폭풍우와 비바람과 물소리 새소리도 들으며 함께 살아갈 마음의 준비를 단단히 해야 한다. 신선은 우주의 변화를 사랑하고 자연의 섭리 속에서 자연과 더불어 살아가는 사람인 것이다.

사람이 신선으로 산속에서 살아가려면 무엇보다 먼저 몸과 마음이 매우 건강하고 튼튼해야 한다. 이뿐만 아니라 번득이는 지혜와 용기와 힘도 있어야 하고 순간순간의 환경 변화에 잘 순응해야 살아갈 수가 있다. 산이든 강이든 어느 곳이든 어떤 환경 속에서건 행복하고 즐겁게 잘 살 수 있는 건강과 지혜와 행복감이 충만해 있어야 하는 것이다. 그래서 신선은 그냥 신선이 아니라 자연환경의 변화 속에서 늘 건강하고 지혜롭고 행복하게 잘 살아가는 자연인이요, 하늘 사람인 것이다. 자연을 진정으로 사랑하고, 자연의 변화를 진정으로 즐길 줄 아는 사람이어야 하는 것이다.

선도(仙道)는 종교가 아니라 옛 선조들의 길이요, 삶이다. 순수한 민간인들의 꿈이자 이상이다. 또한 지각이 열린 사람들의 길이요, 지혜로운 영혼을 가진 사람들의 길이다. 왜냐하면 신선은 자연과 더불어서 자연 속에서 자연스럽게 잘 살아갈 수 있어야 하기 때문이다. 또한 어디에서 어떻게 살든 자기 자신이 가장 멋있고 가장 잘 산다고 자부할 수 있어야 하기 때문이다. 그리고 신선은 그냥 신선이 아니라 불로초를 먹고 불로장생하는 신선으로 살아야 하기 때문이다.

불로초란 하늘이 내린 하늘 음식을 의미한다. 하늘 음식이란 그렇게 대단하고 귀한 것이 아니다. 자연 속에서 나는 자연의 음식을 그냥 맛있게 잘 먹고 사는 것을 의미한다. 사람은 누구나 다 그냥 사람이 아니라 하늘이 낸 가장 고귀한 사람이라는 말이다. 따라서 이천식천(以天食天)을 할 수 있어야 한다. 하늘 사람으로 하늘이 내린 하늘 음식을 신선처럼 잘 먹을 수 있어야 하는 것이다.

신선이란 유무를 초월하고 생사를 초월하여 영생을 바라보며 영혼의 숨결로 순간순간 매일매일을 행복하게 잘 살아가는 사람을 말한다. 영혼불멸의 마음으로 불로초를 맛있게 잘 먹고 즐겁고 행복하고 평화롭게 잘 살아갈 수 있어야 한다. 매일매일을 나물 먹고 물 마시고 팔을 베고 누워서 자면서도 잘 살아갈 수 있어야 하고 대장부 살림살이가 이만하면 더 바랄 것이 없어야 한다. 신선이란 결국 불로장생의 이치를 깨쳐서 불로초를 얻게 되면 신선이 된다는 말이다. 누구나 다 선도를 닦아서 불생불멸의 영혼으로 영생을 얻게 되면 생사를 초월하는 신선이 된다는 말이다. 마치 불도(佛道)를 닦아서 견성성불(見性成佛)을 하게 되면 부처가 되는 것과도 같다.

선도의 길은 멀고도 가깝다. 왜냐하면 쉽다면 아주 쉽고 어렵다면 매우 어렵기 때문이다. 우리 몸 밖의 외부환경과 자연의 변화 속에서 잘 적응하면서 잘 살아가야 하기 때문이다. 우주와 자연의 변화에 대해서 잘 알아야 하기 때문이다. 또한 우리 몸과 마음인 심신작용을 잘 하기 위해서 우리 몸속 오장육부의 기능을 잘 알고 잘 관리해야 한다.

우리의 오장육부는 신진대사 작용을 통하여 잘 먹고 잘 싸고 잘 자고 잘 살게 한다. 혈액 순환을 원활히 잘 하도록 해야 하기 때문이다. 그렇다면 우리 몸과 마음이 건강하고 오장육부가 일을 잘 하려면 무엇이 필요하고 어떻게 해야 할까.

그것은 다름 아닌 호흡 작용이다. 들숨은 산소요, 날숨은 이산화탄소로, 우리 목숨과 건강과 오장육부에 직접적으로 연관이 있기 때문이다. 결국 숨을 잘 쉬어야 건강도 있고 행복도 있고 지혜도 잘 발휘되기 때문이다. 또한 우리가 이 땅에서 살아가는 이유가 단지 살기 위해서 살아남기 위해서만이 결코 아니다. 우리 인간의 근본 씨앗인, 우리의 영혼을 아름답고 빛나게 잘 가꾸어가는 숨은 노력이 반드시 필요하기 때문이다. 이 지구상에서 오래도록 진화하면서 살아남기 위해서다. 사람뿐 아니라 세상 만물이 다 그렇기 때문이다. 사람은 누구나 다 영적 향상과 진화를 위해서 끊임없이 노력하면서 살아가야 한다. 우리의 영혼을 끊임없이 잘 가꾸어가야 하는 것이다.

선도는 결국 우리의 영혼을 아름답고 빛나게 잘 가꾸는 것을 최우선으로 하여 우리 모두가 다 신선(神仙)들이 되는 것이다. 그리하여 불로장생을 하고 불로초를 얻는 것이다. 불로초를 구하여 영생을 하는 것이다. 사람은 누구나 다 불로초인 영생을 얻고 영생을 깨치고 영생을 믿고 영생을 알면 우리 영혼은 불로장생을 하고 불생불멸을 하고 생사불이가 되고 생사를 초월하고 생로병사의 변화에 구애됨이 없이 우리가 원하는 인생을 살 수 있는 것이다.

신선(神仙)이란 사람이 아니라 우리 영혼을 의미한다. 신(神)이란 빛이요, 영혼의 영(靈)을 말하고, 선(仙)이란 혼(魂)이요, 넋이요, 얼로, 우리의 정신머리를 의미한다. 신선이란 결국 아름다운 영혼을 가진 사람이요, 우리의 영혼을 아름답게 잘 가꾼 사람이라는 뜻이다. 그래서 신선이란 신명(神明)이요, 영혼이며, 아름답게 빛나는 사람이라는 뜻으로 지혜로운 영혼을 가진 사람이라는 말이다. 그러므로 선도에서는 숨과 목숨과 영혼을 하나로 보고 우리 영혼의 숨결인 태중호흡을 통하여 건강한 몸과 지혜로운 마음으로 살아있는 신선이 되고 우리의 일상생활 속에서 우리의 영혼을 아름답게 잘 가꾸며 행복하고 즐겁게 잘 살아가는 것을 목표로 삼는 것이다.

선도란 신선의 길이요, 불로장생의 길이요, 불로초를 얻는 길이다. 영혼의 숨결로 사는 공부요, 태중호흡으로 살아있는 신선이 되는 길이다. 불생불멸의 영혼으로 영생을 살아가는 공부인 것이다. 순간 속에서 영생을 살 듯 살면 고락(苦樂)과 생사와 유무를 초월할 수 있는 것이다. 자기 자신의 영혼과 더불어 영생을 살 듯 살면 누구나 다 신선인 것이다.

선도는 불생불멸의 영혼으로 선인선과의 복락을 누리며 영원히 살아가는 것을 목적으로 한다. 선도는 자연 속에서 자연의 변화와 함께 자연인으로 살아가는 사람들이다. 자연을 거역하거나 거스르지 아니하고 자연과 더불어 함께 살려는 사람들이다. 아름다운 영혼으로 아름답고 평화롭게 살기를 꿈꾸는 사람들이다. 맑고 밝고 순수하게 그냥 자연인으로 살고 싶은 사람들이다.

선도의 길을 가는 사람들은 모두가 다 안빈락도(安貧樂道)를 꿈꾼다. 비록 생활이 가난하고 궁핍하다 할지라도 편안한 마음으로 자기의 분수를 지킬 줄 알고 오히려 가난함과 고단함으로 자기 자신의 영혼을 더욱더 빛나게 가꾸어가는 사람들이다.

선도(仙道)란 늙지도 죽지도 않는 불로장생(不老長生)이 목표가 아니다. 모든 종교와 경전이 바라고 원하는 것은 오직 참사람이 되고 올바르게 잘 사는 것이다. 그래서 신선(神仙)을 목표로 하는 선도(仙道)가 아니라 참사람을 꿈꾸는 선도(善道)인 것이다. 신선으로 꾸미고 신선을 닮기만 하는 것이 아니라 자기 자신을 참되게 가꾸고 참사람으로 올바르게 잘 사는 것이 목표요, 꿈인 것이다. 그러므로 선도(善道)란 선인선과(善因善果)의 길이요, 선심선행(善心善行)의 길이요, 영혼의 환생인 영생길이 되는 것이다.

선도는 자기 자신을 지극히 사랑하고 자기 자신의 영혼을 아름답게 가꾸고 자기 자신의 씨앗을 충실하게 보살필 줄 아는 사람들이다. 착한 마음씨로 착하게 잘 살아가는 사람들이다. 하늘로부터 부여받은 자기 자신의 씨앗을 잘 가꾸어가는 농사꾼들이다. 그리고 나와 너, 그리고 우리, 모두가 다 함께 가야 할 길이다. 오늘도 내일도, 그리고 언제나 즐겁게 꼭 가야 하는 길이다. 영원히 가야 하고, 영생을 즐겁게 잘 가야 하는 길인 것이다.

선도란 우리의 몸을 건강하게 잘 관리하고 우리의 마음을 지혜롭게 잘 쓰며 우리의 영혼을 아름답게 잘 가꾸는 공부다. 우리의 오장육부(육장육부)가 건강하고 튼튼하면 우리의 몸과 마음도 따라서 건강하고 지혜로우며 영혼의 마음으로 지혜롭게 잘 살고 보면 우리의 영혼은 영생을 한다.

공기 중 산소와 우리의 목숨과 우리의 영혼은 하나이다. 따라서 우리의 몸과 마음과 영혼을 종합적으로 아울러 잘 다스리는 공부가 바로 선도(仙道)요, 태중호흡법이다. 태중호흡은 영혼의 숨결이요, 산소는 우리의 숨(호흡)인 목숨이기 때문이다. 또한 산소와 목숨은 우리의 삶과 죽음의 갈림길이다. 산소의 목숨은 삶이요, 산소인 목숨의 멈춤은 죽음이기 때문이다.

사람 씨앗인 우리의 영혼은 산소의 들숨과 날숨을 따라 숨을 쉬었다 멈추었다 하면서 영생을 하는 것이다. 생과 사를 따라 생로병사의 변화를 따라 죽었다 살았다 하면서 영원히 살아가는 것이다.

제 6 장

환생(幻生) 이야기

1 영혼이 빛나면 환생이 아름답다

요즘 사람들은 호흡이 너무 짧다. 우리 숨이 거칠고 짧으면 몸속에 산소가 많이 부족해진다. 그래서 성질이 급해지고 화를 잘 내며 분노 조절이 잘 안 된다. 늘 불안하고 초조해지는 것이다. 따라서 정신머리가 없어지고 얼빠진 사람이 많아지는 것이다. 그런데 우리가 만일 아주 긴 호흡인 태중호흡을 하게 된다면 우리의 정신머리가 생겨날 것이다. 우리 영혼이 아름답게 빛날 것이다. 더불어 잘 살 길도 열릴 것이다.

태중호흡은 우리의 영혼을 더 밝고 더 아름답고 더 빛나게 가꾸어준다. 태중호흡은 우리 생명의 불꽃이 시들지 않도록 지켜줄 것이다. 태중호흡은 우리의 혼불이 꺼지지 않도록 살려줄 것이다. 태중호흡은 영혼의 환생이다. 그러므로 사람들은 누구나 다 생로병사를 따라 환생을 거듭하면서 영원히 살아간다. 우리가 애기숨으로 돌아가면 평화가 찾아온다. 애기숨을 닮고 배우면 행복해진다. 결국 태중호흡은 우리 영혼을 아름답게 빛내는 공부요, 우리 영혼의 마음으로 살아가는 공부다.

일체(一切)가 유심조(唯心造)인 것이다. 내가 바로 나의 조물주요, 나의 창조주다. 내가 나를 바보로 만들기도 하고 현명한 사람을 만들기도 한다. 건강하게도 하고 병신(病身)을 만들기도 한다. 내가 나를 행복하게도 하고 불행한 나를 만들기도 한다. 내가 나를 잘살게도 못살게도 하고, 잘나게도 못나게도 한다. 나를 지금까지 살아있게 한 것도 나 자신이요, 나를 지금처럼 살게 한 것도 나 자신이요, 나를 지금의 모습으로 만든 것도 나 자신이다.

순간순간 매일매일의 삶 속에서 자기 자신을 창조한다. 한 생각 한 생각, 한 마음 한 마음, 한 행동 한 행동, 한 삶 한 삶이 한 땀 한 땀 창조되고 있는 것이다. 좋은 습관들이 좋은 나를 만들고, 지혜로운 선택들이 아름다운 영혼을 가꾸어준다. 영혼이 빛나면 인생이 아름답다.

착하고 진실되고 올바르고 감사하며 살아가는 좋은 습관들이 아름다운 사람을 만든다. 사람들은 누구나 다 잘 살다가 잘 죽어야 또다시 잘 태어난다. 아름다운 환생(幻生)으로 이어져야 오래도록 잘 살 수가 있는 것이다.

식물들에게 저마다의 씨앗이 있듯 우리 사람들에게도 씨앗이 있다. 사람 씨앗인 영혼이 있는 것이다. 따라서 나의 영혼은 나의 씨앗이다. 그래서 매일 매일을 지혜롭게 잘 살아야 자기 씨앗을 잘 가꿀 수 있고, 또한 잘 살다 잘 죽어야 지혜로운 영혼을 잘 만들어서 또다시 잘 태어날 수 있는 것이다. 아름다운 환생을 거듭하면서 영원히 살아가는 것이다.

식물들이 원하는 것은 아름다운 꽃이나 맛있는 열매가 아니라 아주 충실한 씨앗이다. 그래서 다음 해에 또다시 새싹으로 잘 자라는 것이다. 사람들도 마찬가지다. 좋은 집에서 편안히 잘 먹고 잘 사는 것이 목표가 아니라 사람 씨앗인 자기 자신의 영혼을 잘 가꾸는 것이다. 그리하여 죽은 후에 또다시 잘 태어나서 잘 사는 것이다. 전생에 만들었던 자기 자신의 씨앗을 바탕으로 금생에 또다시 새로운 영혼을 잘 가꾸어야 하는 것이다. 결국 사람들은 누구나 다 자기 자신의 영혼으로부터 와서^(태어나서) 자기 자신의 영혼을 위해 살다가 또다시 자기 자신의 영혼으로 돌아가는 것이다.

지금 현재 자기 자신의 씨앗이 잘 자라고 있다면 그는 참으로 잘 사는 사람이다. 지금 현재 자기자신의 영혼을 잘 가꾸고 있다면 그는 참으로 행복한 사람이다. 그리고 자기 자신의 목숨이 다하는 순간에 곧바로 환생으로 이어진다면 그는 참으로 고귀한 사람인 것이다. 영생을 얻어서 자기 구원을 마친 사람이 되는 것이다.

사람의 영혼은 사람의 씨앗^(氏=씨)이다. 나의 영혼은 나의 씨앗^{(김}

씨)인 것이다. 나의 목숨^(오장육부)이 다하면 죽음을 맞이한다. 나의 숨^(호흡)이 멈추면 나의 육신과 영혼은 분리된다. 마치 잘 익은 밤알이 밤나무로부터 분리되는 것과도 같다. 숨이 멈춘 나의 육신은 자연으로 돌아간다. 사라져 버리는 것이다. 육신과 헤어진 나의 영혼은 또다시 새로운 부모를 만나서 새롭게 태어난다. 전생에 내가 만들었던 나의 씨앗은 금생의 나를 만들었고, 금생에 만들었던 나의 씨앗은 다음 생의 나를 만든다. 삶과 죽음과 환생을 반복하면서 영생을 하는 것이다. 그래서 사람 씨앗이 충실하고, 사람의 영혼이 빛나면, 아름다운 환생으로, 또다시 이어진다.

생^(生)은 사^(死)로, 죽음은 환생^(幻生)으로, 환생^(태중)은 태어남으로, 태어남은 죽음으로, 돌고 돌며 끊임없이 환생을 거듭하면서 영생^(永生)을 한다. 사람 씨앗인 영혼을 따라 환생을 거듭하면서 영원히 살아간다.

사람이 만일 악인악과^(惡因惡果)인 죄악^(罪惡)으로 그냥 막 살게 되면 사람의 씨앗이 부실해진다. 쭉정이로 변해 버리는 것이다. 영혼의 빛^(혼불)도 사라져 버린다. 그리하여 영혼이 멀리 떠날 수가 없게 된다. 자기 집이나 동네를 벗어나기가 어렵고, 환생하기도 힘들어진다. 또한 사람과 동물을 구분할 수가 없어서 동물의 몸을 사람으로 착각을 한다. 그리되면 동물로 환생을 하는 수가 있다. 씨앗이 부실하고 영혼의 빛이 없으면 사람으로 환생하기가 어렵게 되는 것이다. 그래서 사람들은 빛이 있는 영혼을 일러 신(神)이요, 천사요, 혼불이라 하고, 빛이 없는 영혼을 일러 귀신이요, 악마요, 저승사자라 하는 것이다.

영혼의 환생을 원하는가? 그렇다면 자기 자신의 씨앗을 충실하게 잘 가꾸어라. 영생을 원하는가? 그렇다면 선인선과로 은생어은(恩生於恩)으로, 상생선연으로, 영생의 도반(道伴)관계로, 순간순간을 지혜롭게 잘 살아가라. 인과(因果)의 진리를 깨쳐야 하는 것이다. 영생의 나를 씨줄 삼고, 순간의 나를 날줄 삼아서, 지혜롭고 올바르게 열심히 잘 살아가야 하는 것이다. 자기 씨앗인 영혼을 아름답고 충실하게 잘 가꾸어야 하는 것이다. 씨앗이 부실한 사람들은 또다시 잘 태어나기가 힘들기 때문이다. 육신이 없는 영혼으로 떠돌이 신세가 되기 때문이다. 영혼이 없는 삶은 다음생으로 이어지기가 힘들다. 영생을 기약할 수가 없기 때문이다. 그래서 영생을 얻으면(깨치면) 자기 구원을 마쳤다고 하는 것이다.

사람들은 우리의 영혼을 여러 가지로 말하고 있다. 그러나 말의 참뜻을 모르고 막들 살아간다. 김씨 이씨의 씨(氏)도 영혼을 의미한다. 참 나도 그렇고, 나의 주인공도 그렇고, 양심(良心)도 그렇고, 자성광명(自性光明)도 그렇고, 지혜광명(智慧光明)도 그렇고, 착하고 진실되고 올바르고 정성스럽게 잘 살라는 말들도 다 그렇다. 또한 신명(神明)도 그렇고, 혼불과 혼령(魂靈)도 그렇고, 넋과 얼도 그렇고, 정신머리와 정신줄도 그렇다. 그래서 영혼이 없는 사람들을 일러 넋 나간 사람이요, 얼빠진 사람이요, 정신 나간 사람이라고 하는 것이다. 사람이 만일 정신없이 막 살다가 죽게 되면 사람으로 또다시 태어나기가 힘들다. 귀신으로 떠돌이 신세가 되는 것이다. 그래서 정신 차려 살라 하고, 정신줄을 놓지 말라 하는 것이다. 정신 수양을 하라고 하는 것이다.

우리의 정신머리란 정(精)과 기(氣)와 신(神)과 명(明)으로, 우리의 얼이요, 넋이요, 혼(魂)을 말한다. 그런데 우리의 얼이란 산소 주머니로, 오장육부의 혈자리도 산소주머니요, 석문단전에서 만들어진 액체 산소도 산소 주머니다. 그런데 명문단전에서 만들어진 고체 산소(빛 산소)는 산소와 질소와 탄소가 결합한 하얀 결정체로 우리의 영혼을 말한다. 따라서 우리가 정신수양을 통하여 명문단전에 쌓아 놓은 산소의 결정체는 죽음을 맞이하여 육신과 영혼이 분리되는 순간에 혼불(빛)로 나타나서 새로운 부모를 찾아 환생을 하게 된다.

사람들은 누구나 다 자기 씨앗을 가꾸는 농부요, 자기 영혼을 빛내는 농사꾼이다. 그런데 부지런한 농부는 남의 일에 간섭하지 않는다. 왜냐하면 간섭할 틈(시간)이 없기 때문이다. 그러나 지혜로운 농사꾼은 지금 현재 잘 살아있음과 잘 살아감만을 생각한다. 왜냐하면 오직 자기 씨앗만 생각하고, 자기 영혼만을 위해서 살기 때문이다. 영혼의 환생과 선인선과의 길이 영생이다. 영혼불멸(靈魂不滅)인 것이다.

2 여자의 임신이 환생이다

우리의 영혼은 사람 씨앗이다. 우리의 영혼은 식물의 씨앗처럼 또다시 태어난다. 환생을 거듭하면서 영원히 살아간다. 식물의 씨앗이 땅으로부터 또다시 새싹으로 태어나듯이 사람씨앗인 우리의 영혼은 새로운 부모가 될 남녀의 성관계로부터 새롭게 환생한다. 그러므로 남녀의 성(性)은 성스러운 탄생의 선물인 것이다. 힌두교 사원의 조각상들은 거의 모두 남녀의 성관계를 묘사해 놓았다. 이것은 인도 철학의 핵심으로 영혼의 환생을 상징한 것이다. 삼위일체의 환생이요, 영원한 삶인 영생을 표현해 놓은 것들이다.

힌두교의 근본 사상으로는 생명의 근본 뿌리인 영혼과, 영혼의 부활인 환생과, 삼세(三世)의 생사윤회인 영생(永生)의 내용을 담고 있다. 그래서 고대 힌두교 사원의 건축 양식에는 다양한 남녀의 성관계 모습을 조각해 놓았는데, 이것은 바로 영혼의 환생을 상징하고 있는 것이다. 힌두교의 남녀 관계는 그냥 우리가 말하는 세속적인 쾌락의 의미가 아니라 성스러운 생명의 탄생을 의미하고 있는 것이다. 또한 영혼의 환생을 상징함과 동시에 생사윤회인 영생을 표현해 놓은 것이다.

우리의 영혼은 아버지의 정자와 어머니의 난자가 서로 만나는 순간에 새로운 몸을 받아서 환생한다. 아버지와 어머니와 자식은 우리가 말하는 삼신(三神)할머니로 삼위일체인 것이다. 따라서 우리의 영혼과 남녀의 성(性)과 영혼의 환생과 태아들의 태중호흡과 우리 영혼의 영생은 하나다. 사람은 누구나 다 생로병사를 따라 환생을 거듭하면서 영생하는 것이다. 그러므로 어머니의 임신이 영혼의 환생인 것이다.

특별히 태아들의 태중호흡은 새로운 몸을 만들어 새롭게 태어나는 데 있어서 아주 큰 영향을 미친다. 왜냐하면 어머니의 자궁 속에는 산소가 6% 정도 밖에 없기 때문이다. 그래서 임신한 어머니의 태중호흡도 매우 중요하다. 태아들의 두뇌 발달에 크게 영향을 미치기 때문이다.

우리가 영생을 알면 자기 구원을 마치는 것이다. 모든 고통으로부터 벗어날 수가 있다. 욕심도 내려놓고 미움도 벗어놓고 밤과 낮을 따라 태양따라 별따라 물따라 바람따라 행복하게 잘 살 수가 있다.

사람들은 환생을 부활이요, 재림이요, 윤회요, 새로운 탄생이라 말한다. 사람은 단 한 번만을 환생하는 것이 아니라 환생을 거듭 반복하면서 영원히 살아가는 것이다. 생사를 따라 생로병사를 따라 환생을 거듭하면서 영원히 살아가는 것이다. 그래서 사람들은 누구를 닮았다 하고 누가 오신 것같다고 하기도 하는 것이다.

우리 영혼이 환생하면서 남자가 남자로 환생하기도 하고, 혹은 여자로 성을 바꾸어서 환생하기도 한다. 혹은 부자로 혹은 가난하게 태어나기도 하고, 상극의 원수관계로 만나기도 하고, 상생의 은혜관계로 만나기도 한다. 또한 김씨가 이씨로 환생하기도 하고, 서울에서 시골에 태어나기도 하고, 한국에서 미국에 태어나기도 하고, 혹은 영혼으로 그냥 살아가기도 한다. 또한 남녀의 성관계로 인하여 새로운 어머니의 자궁에 둥지를 틀지 아니하고 그냥 남의 몸에 의지하여 살아가기도 한다. 또한 자기 집안에서 키우던 동물의 몸속에 환생하기도 한다. 우리가 가정을 새롭게 이루게 되면 그의 가족으로 아버지의 조상이 태어나기도 하고, 어머니의 조상이 태어나기도 하며, 부모가 믿고 있는 종교 단체의 영혼이 태어나기도 한다. 간혹 가까운 이웃과 친척 친지들의 영혼이 가족으로 태어난다. 그래서 가족들 구성원 간에 서로의 친밀도를 보면 전생의 모습들이 현실로 나타나게 되는 것이다.

사람들은 간혹 죽은 영혼들의 세계를 '신의 세계다, 천당이다, 지옥이다, 극락이다.'라고 말을 한다. 하지만 사람들이 살고 있

는 지구 마을을 벗어난 다른 세계가 따로이 있을 수 없다. 우리
가 살고 있는 태양계 내의 지구 마을 말고는 사람이 살 수가 없
기 때문이다. 우주정거장 말고는 사람이 살 수가 없다. 산소가
있고 물이 있고 먹거리가 있고 사람들을 비롯하여 세상 만물이
살고 있는 곳은 지구밖에 없다. 우리가 말하는 천당과 지옥이란
사람으로 또다시 환생하지 못한 영혼들의 세계를 말한다. 김씨
는 김씨 조상들의 영혼이 모여 있고, 강씨는 강씨 조상들의 영
혼이 모여 있다. 또한 각종 단체들의 조상들도 그 영혼들이 한
곳에 모여 있고, 공동묘지 등에도 영혼들이 모여 있다. 영혼들
의 세계도 인간들의 세상과 똑같이 질서가 있고 직급이 있고 각
종 규범들이 있어서 천당이다 지옥이다 하는 것이다.

사람이 만일 선인선과(善因善果)로 지혜롭게 잘 살고 보면 영혼의
세계에 있든 인간 세상에 있든 대접을 받는다. 그렇지만 악인
악과(惡因惡果)로 어리석게 살게 되면 어느 세상에서든 미움받고
버림받고 천대를 받게 된다. 그러므로 환생의 조건은 선인선과
로 착하게 잘 사는 것이요, 은생어은(恩生於恩)으로 상생의 선연을
잘 맺어가는 것이다. 건강한 몸과 지혜로운 마음으로 지혜롭고
올바르게 영생을 행복하게 잘 사는 것이다.

앞으로 우리가 바라는 가장 이상적인 삶의 길은 모든 종교와
모든 철학과 모든 사상을 넘어선 우리 생명의 근원인 영혼으로
부터 새롭게 출발해야 한다. 우리 생명의 근원인 자기 자신의
영혼과 각자 각자의 사람 씨앗인 영혼의 환생과 우리들 영혼의

영원한 삶인 영생 문제를 다시 한 번 근본적으로 돌이켜보아야 한다. 모든 종교와 철학과 사상의 틀을 깨고 모든 道와 진리의 발자취를 지우고 우리들 생명의 근원인 영혼과 환생과 태중호흡과 영생의 문제로부터 새롭게 다시금 출발해야 하는 것이다.

우리는 지금 너무도 지나치게 이론과 문자와 지식들에 집착해 있고 편리한 과학문명에 너무도 많이 푹 빠져 있다. 떠도는 말들에 의지해서 너무도 쉽게 좌우되는 것은 아닌지 반성을 좀 해보아야 한다. 우리는 지금 지나친 형식 논리로 인하여 우리의 근본 씨앗인 영혼의 혼불이 꺼져가고 있다. 영혼의 마음인 양심이 사라져 가고 있는 것이다.

지금 현재 우리 삶이 선인선과로 이어지면 착한 마음씨가 자라나서 아름다운 영혼으로 빛나게 된다. 사람의 혼불이 살아나는 것이다. 자기의 양심을 팔지 않는 것이다. 옳은 것은 죽기로써 행하고, 그른 것은 죽기로써 하지 않는 것이다. 하지만 악인악과로 이어지면 악한 마음씨가 자라나서 어리석음의 악순환이 반복되고 불행과 고통이 뒤따른다. 따라서 우리 영혼이 향상과 환생과 영생으로 이어지려면 반드시 선인선과로 잘 살아가는 지혜가 필요하다. 인과의 이치를 깨쳐야 하는 것이다. 선인선과는 복락이요, 악인악과는 죄고임을 확실하게 알아서 영혼의 마음인 지혜로움으로 살아가는 노력이 필요하다. 아름답고 충실한 영혼으로 잘 가꾸어가는 정성이 뒤따라야 하는 것이다. 지금 현재 살아있음에 감사하고 지금 현재 자기 자신의 모습 속에서 자기 자신의 영혼이 아름답게 빛나고 있어야 한다.

여자의 임신은 환생할 영혼의 왕림이다. 신(神)내림(神人合一)인 것이다. 새로 태어날 영혼과 여자의 난자와 남자의 정자가 서로 만나서 이루어진다. 세 사람의 영혼이 서로 만나서 임신이 이루어지는 것이다. 그러므로 여자의 자궁은 지상낙원이요, 천당인 것이다. 여자가 임신하면 어머니가 되고 모성애가 발휘된다. 무(無)에서 유(有)를 창조하는 창조주요, 조물주가 되는 것이다. 무인 영혼을 유인 육체로 만드는 것이다. 그래서 여자는 약하나 어머니는 위대하다고 하는 것이다. 그런데 가끔은 혼불이 없거나 신념이 약한 영혼이 여자의 자궁이 아닌 그냥 산 사람의 몸에 의지하는 것을(접신, 빙의) 환생으로 착각하는 경우가 있다. 이는 마치 상상임신과도 같은 것으로 매우 위험한 결과를 초래하게 된다.

여자(女子)란 그 자체로 사랑이요, 완전체(完全體)요, 십체(十体)인 것이다. 왜냐하면 여자란 말 그대로 좋을 호(好)자(字)로, 열 개의 구멍을 소유한 완전한 존재이기 때문이다. 눈 2개와 코 2개와 귀 2개와 입과 항문과 소변 구멍과 자궁문을 소유하고 있다(남자는 9개). 그래서 여자의 자궁문을 십(十)이라 하고, 남녀 관계를 십(十)한다고 하는 것이다. 또한 배란기를 맞이한 여자는 종전보다 더 예쁘고 더 아름답게 보인다. 왜냐하면 남자를 만나서 임신하기 위해 변신하는 것이다. 그런데 폐경기가 되면 여성 호르몬이 줄어들어 여성성의 부드러움이 사라지고 남성화가 진행

된다. 왜냐하면 10체인 여성이 9체인 남성으로 바뀌어가기 때문이다.

사람은 누구나 다 새롭게 환생할 영혼과 십체인 어머니와 생명의 숨을 불어넣어줄 아버지가 서로 삼합(三合, 삼신할머니)을 이루어야 새로운 사람이 새롭게 태어난다. 삼위일체(三位一体)인 삼합체(三合体)가 이루어지면 완전체인 십체가 된다. 새로운 육체를 새롭게 만드는 것으로부터 새로운 인생이 시작되는 것이다. 인간은 무(無)에서 유(有)를 창조하는 조물주(造物主)로부터 시작하는 것이다.

3 선인선과(善因善果)가 영생 길이다

기독교에서 말하는 선악과(善惡果)란 선인선과는 자기 구원이요, 영생의 길이 되지만 악인악과(惡因惡果)는 인간파멸의 길이요, 에덴으로부터의 추방인 것이다. 불교의 12인연법 역시 삼세인과법(三世因果法)으로 지혜광명을 따라 선인선과로 살게 되면 영생의 길이요, 자기 구원의 길이요, 부처의 꿈을 이루는 길이 된다. 그러나 무명(無明)의 업력(業力)을 따라 악인악과로 살게 되면 어리석은 중생으로 악도윤회를 면하기가 어렵다는 말씀이다.

어찌보면 사람들은 누구나 다 지구상의 한 생명체요, 땅 위의 동물이다. 그래서 다른 동물들과 마찬가지로 먹고 살기 위해서 전력질주를 다 한다. 죽지 않으려고 전력질주하고, 번식하기 위해서 전력질주하며 살아간다. 만물의 생로병사를 따라 끊임없이 변화되는 가운데 선행자(善行者)는 후일에 반드시 은혜를 입고 지혜와 복덕을 누리며 진급하게 된다. 하지만 악행자(惡行者)는 후일에 반드시 해독(害毒)을 입으며 죄악과 고통 속에서 강급하면서, 살아가는 것이다. 그래서 선인선과의 길이 영생길이 되고 자기 구원의 길이 되는 것이다.

영생이란 먼 곳에 있지 않다. 하루하루를 착한 마음씨로 착하게 잘 살면 선인선과의 길이 만들어진다. 영생의 길이 시작되는 것이다. 아름다운 영혼으로 건강하고 지혜롭고 행복하게 잘 살면 되는 것이다. 가까운 이웃들과 더불어 함께 잘 사는 것이다. 선인선과로 하루를 살고 일 년을 살고 일생을 살면 다음 생으로 이어진다. 영생 길이 되는 것이다.

우리가 죽음을 맞이하면 우리의 영혼은 육체에서 빠져나와 새로운 어머니의 태중에서 또다시 새로운 인생을 시작하게 된다. 우리의 영혼이 태중호흡을 하게 되면 새롭게 환생하게 되는 것이다.

사람의 목숨(호흡)이 끊어진 죽음에서 목숨이 또다시 숨쉬기 시작하는 사람으로 새롭게 변화하는 것이 환생이다. 죽음을 맞이하여 오장육부가 사라진 사람에서 또다시 오장육부를 새롭게 만들기 시작하는 것이 환생인 것이다. 환생이란 결국 남녀의 관계요, 어머니의 임신이요, 새로운 탄생이요, 윤회요, 부활인 것이다. 새로운 환생은 부모형제도 바뀌고 성씨(姓氏)도 바뀌고 환경도 바뀌게 된다. 또다시 새로운 영혼의 씨앗을 만들게 되는 것이다.

부처님께서는 살아생전에 새롭게 다시 태어날 부모를 미리 정하였고 죽음을 맞이한 후에는 곧바로 어머니의 태중에서 환생하였기 때문에 자기 구원을 마친 것이라 하셨다. 태중호흡이 영혼의 환생인 것이다. 그러므로 태중호흡은 죽음인 동시에 태어남이다. 생사(生死)가 하나인 것이다. 잘 살다가 잘 죽어야 또 다시 잘 태어날 수가 있다. 지금 현재 살아있음이 영생이 되는 것이다.

우리의 영혼은 삶과 죽음을 따라 환생을 거듭하면서 영원히 살아간다. 우리의 죽음은 인생의 결실로 사람 씨앗인 우리의 영혼은 또다시 태어난다. 하지만 사람이 죽었다고 누구나 다 또다시 태어나는 것은 아니다. 육신을 떠난 영혼이 바로 태어나지를 못하고 육신이 없는 영혼으로 중음(中陰)의 세계에서 헤매이기도 한다. 우리의 영혼이 구천(九天)을 떠돌고 있다고도 하는 것이다.

사람이 죽음을 맞이했으되 혼불(혼령=魂靈)이 없어서 바로 태어날 수가 없다거나 새로운 부모를 정하지 못했거나, 죽은 영혼들의 세계에 빠지거나, 체험해보지 못했던 세상을 방황하고 있거나, 착심으로 인하여 가까운 다른 사람의 몸에 의지해서 살거나 하게 되면 바로 태어날 수가 없게 된다.

새로운 몸으로 새롭게 태어나는 환생의 길이 막히는 경우도 많다. 인생은 화려하나 사람 씨앗인 열매가 없는 경우도 많기 때문이다. 그러므로 사람이 사람의 몸을 받아서 사람으로 살아갈 때 지혜로움의 길인 선인선과로 살아야 영생의 길이 열리게 된다. 서로의 사이에 상생의 선연으로 행복하게 잘 살아가는 노력이 필요하다. 그래야 더 좋은 부모와 가족을 만나게 된다.

선인선과 악인선과는 진급의 길이요, 환생의 길이다. 하지만 선인악과와 악인악과는 강급의 길이요, 방황의 길이 된다. 또한 은생어은(恩生於恩)과 은생어해(恩生於害)은 상생의 선연이 되지만, 해생어은과 해생어해는 상극의 악연으로 이어진다. 또한 선악과(善惡果) 중에서 선인선과의 결실은 복락을 불러오고 악인악과의 결실은 죄고를 불러온다.

우리가 영생의 길을 잘 가기 위해서는 반드시 인과의 이치를 확실하게 깨쳐야 한다. 선인선과와 은생어은의 길을 잘 가야 하는 것이다. 영생을 씨줄 삼아서 순간순간을 지혜롭고 올바르게 잘 살아가야 하는 것이다. 우리 영혼의 혼불이 꺼지지 않도록 자기 자신의 삶을 잘 가꾸어가야 하는 것이다. 따라서 인과의 이치를 깨치면 영생길이 열리지만 인과의 이치를 무시하고 자기 욕망으로만 살거나 자기 자신의 기분대로만 어리석게 막 살게 되면 불행의 악순환이 계속된다. 그리하여 사람다운 사람으로 영생을 잘 살기가 힘들다.

또한 탐심인 지나친 욕심과 진심인 지나친 성냄과 치심인 무명의 어리석음으로 살게 되면 죄악과 불행이 쌓이고 쌓여서 인간다운 인생의 길에서 이탈하고 만다. 환생의 길이 막히고 영생의 길이 보질 않는 것이다.

사람이 착한 마음씨로 착하게 잘 살면 환생과 영생의 길이 열리지만 악한 마음씨로 악하게 살아서 죄고(罪苦)에 빠지게 되면 방황과 악순환이 계속된다. 그러므로 사람이 잘 태어나서 잘 사는 사람이라야 잘 죽을 수 있고 잘 죽어서 또다시 잘 태어나야 영생을 잘 살 수가 있다. 아름다운 환생으로 영원히 잘 살게 된다. 생사의 이치를 깨쳐야 하는 것이다. 생로병사를 변화로 알아서 자기 자신의 인생을 사랑해야 한다. 영혼의 마음으로 살아가야 하는 것이다.

사람은 누구나 다 생사(生死)를 따라 생로병사를 따라 흥망성쇠를 따라 선과 악을 따라 희로애락애오욕(七情=칠정)의 감정이 일어났다 가라앉았다 하면서 영원히 살아간다. 기쁨과 즐거움과 사랑의 선한 감정이 일어나면 환생의 길이 열리지만 성냄과 슬픔과 욕심과 죄악의 악한 감정이 일어나면 환생의 길이 막히게 되는 것이다. 환생길이 막히면 영생길도 막히게 된다. 그러므로 언제 어디서 누구를 대하든 항상 감사하고 사랑하며 아름다운 영혼으로 빛나고 있어야 하는 것이다. 착하고 지혜롭고 올바르게 잘 살아가는 노력이 필요한 것이다. 그래서 방심은 금물이다. 순간의 방심과 타락이 영생을 그르치기 때문이다.

사람이 제아무리 좋은 부모를 만나서 잘 태어났다 할지라도 주위 환경이 오염되고 열악하거나 가까운 인연들이 까다롭고 포악하다면 착하고 올바르게 잘 살기가 어렵다. 따라서 항상 공경하고 두려워하는 마음으로 세상 만물과 더불어 함께 잘 살아가는 지혜와 노력을 기울여가야 한다.

우리의 영혼은 영원하다. 생로병사를 따라 환생을 거듭하면서 영원히 살아간다. 선인선과로 상생의 선연으로 지혜롭게 잘 살면 누구나 다 영원히 잘 살 것이다. 아름다운 환생으로 길이길이 행복할 것이다. 서로를 진심으로 위해 주고 서로를 진정으로 사랑하는 좋은 인연들과 더불어서 오래도록 환생을 거듭해가면서 행복하게 잘 살 것이다.

⁴ 참 나, 참 길

하늘 땅 우주 안에, 道傳이 숨을 쉬니,
내가 찾던 참 나는, 없고 없고 또한 없고 없으며,
내가 찾던 참 道는, 아니고 아니고 또한 아니고 아니로다.

그동안 내가 그토록 찾던 참 나는,
나의 코밑 숨구멍 속에 숨어 있고,
내가 그토록 갈망하고 구(求)했던 참 道는,
우리들 각자 각자의 인생살이가 다 참 道요,
매 순간 순간을 지혜롭게 잘 살아감이 참 길이며,
우리들 주변의 산소며 물이며 먹거리며
세상만물이 다, 道아님이 하나도 없구나.

천상천하(天上天下)의 유아독존(唯我獨尊)인 참 나는,
지금 내가 숨쉬는, 들숨과 날숨 속에 숨어 있고,

우리들 참 길은, 우리들 영혼의 숨결인, 태중호흡
긴 숨 속에, 아름답게 빛나도다.
우리들 각자 각자의 신령스러운 앎인 영식(靈識)이,
참 나요 참 道요 참 길이로다.
우리들 참 나와 참 道는, 서로 서로 하나되어,
끊임없이 빛나도다.

나의 다짐, 나의 서원(誓願)

우리의 영혼(靈魂)은 신령스러운 앎인 영식(靈識)으로, 우리가 자기 자신의 환생(幻生)을 통하여, 새로운 한 생(生)을 새롭게 시작하였으나 시작한 바가 없고, 또한 한 생(生)을 또다시 마쳤으나 마친 바가 없는 영식이요, 불생불멸(不生不滅)과 생사초월(生死超越)의 영식이요, 진공묘유(眞空妙有)와 유무초월(有無超越)의 영식인 바, 우리의 말과 글로는 가히 무어라 표현할 수 없는 영혼의 마음이요, 영혼불멸(靈魂不滅)의 영생(永生) 길로, 우주만유(宇宙萬有)의 근본원천(根本源泉)이요, 우리들 참 마음의 근본 뿌리이며, 우리의 영혼은 사람씨앗으로, 해와 달과 별들의 음양조화(陰陽造化)인 풍운우로상설(風雲雨露霜雪)과 밤낮과 사시사철의 변화인 춘하추동과 세상만물의 생로병사와 우리들 오장육부의 신진대사작용과 우리의 손발과 안이비설신의 육근작용(六根作用)을 따라, 매일 매일 끊임없이 자기자신의 영혼을 아름답게 가꾸어 가는 것으로, 이에 따라 혹은 진급으로 혹은 강급으로, 혹은 은생어은(恩生於恩)으로 혹은 해생어해(害生於害)로, 이와같이 영원한 세월을 따라 끊임없이

생사윤회하나니,
우리 지각이 열린 사람들은,
각자 각자의 참다운 영혼을 위해,
자기자신의 육신과 영혼을 잘 보존하고 잘 알고 잘 사용하여,
상생의 선연과 선인선과의 길을 따라, 진급이 되고 은혜는 입
을지언정, 강급이 되고 해독은 입지 아니하기로써, 서원을 세
우고 다짐을 하네.

늘 고마운 마음으로

¹ 하늘 나라,
　　　　큰 집에는

하늘 나라 우주에는
누가 누가 살아갈까.
해와 달과 별들이
한 가족 한 형제로 살아간다네.

해와 달과 별들은
누구랑 함께 살까.
태양신(太陽神)을 중심으로
태양빛과 태양열을 따라
바람과 구름과 비와 이슬과 서리와 눈을 만들며
함께 더불어 살아가지.
봄과 여름과 기을과 겨울이라고 하는
그림을 그리며 살아가지.

우주 안에는 태양의 빛과 열기를 따라

밝음과 어둠과 따뜻함과 차가움이
왔다 갔다 하면서
동서남북을 가리키고
밤과 낮을 만들며
하루를 낳는다네.

춘하추동도 만들고
빨주노초파남보의 무지개도 만들고
음양과 음양오행도 만든다네.
각종 풀들과 나무들과 곤충들과 동물들과
사람들과 세상 만물들을 능히 다 살리기도 하고
죽이기도 하면서 다정한 친구로 살아간다네.

우주 안에서 가장 아름답고
가장 살기 좋은 별나라는 어디일까.
아마도 그곳은 우리가 살고 있는 지구일거야.
산소가 있고 물이 있고 풀과 나무와 벌레들과
동물들과 사람들이 함께 살고 있는 지구별이라네.

지구 마을에 사람 없으매 우주도 빈집이요,
지구 별에 산소 없으매 사람도 없다네.
내 것 없으매 착한 마음씨 살아나고
내 집 없으매 우주가 내 집이네.

참 나로 살아가니 우주와 한 몸 되고
우주의 주인되니 우주가 한 집이네.
우주의 큰 집에는 해와 달로 등불삼고
우주의 앞마당엔 별들이 놀고 있네.

하늘 나라 큰 집에는 태양이 주인이요,
지구 마을 작은 집엔 사람들이 주인이네.
많고 많은 사람 중에 누가 누가 주인일까.
착하게 잘 살면 누구나 주인되고
올바르게 잘 살면 누구나 환영받고
지혜롭게 잘 살면 누구나 행복하지.

참사람 사는 곳엔 진실 가득 빛이 나고
아름다운 영혼 속엔 영생길이 나타나네.
서로 돕고 사랑하면 웃음 가득 행복 가득,
평화로운 지구 마을 살기 좋은 우리 동네.

2 _ 착한 마음씨로

영혼은 사람의 씨앗이요,
마음씨는 영혼의 마음이라네.
착한 마음씨는 복락(福樂)이요,
악한 마음씨는 죄고(罪苦)라네.

착한 마음씨로 착하게 살면
행복의 씨앗이 자라나고
악한 마음씨로 악하게 살면
불행의 씨앗이 자란다네

행복의 씨앗은 감사 생활의 원동력이요,
불행의 씨앗은 원망 생활의 뿌리라네.
선인선과(善因善果)는 복락이요,
악인악과(惡因惡果)는 죄고라네.

선악과(善惡果)의 선택을 따라
마음씨가 자란다네.
선과(善果)는 착한 씨를 키우고
악과(惡果)는 악한 씨로 키운다네.

착하고 착하여
착할 것도 없는 착함으로
착한 사람 되어 보소.
참사람 되어 보소.

우리의 영혼과
우리의 마음씨와
우리의 삶은 하나라네.
전생과 금생과 내생도 하나라네.

그래서 전생의 자신이
금생의 자신이요,
금생의 자신이
다음 생의 자신이라네.

지금 이 순간의 선택에 따라
마음씨가 자란다네.
지금 현재의 마음씨를 따라
자기 자신의 영혼이 조각되고 있다네.

그래서 자기 자신의 영혼이
자기 자신의 창조주요,
자기 자신의 조물주요,
자기 자신의 주인이라네.

우리 영혼이 참 나요
우리 영혼이 참마음이라네.
내 안에 나의 영혼은
참 나요, 참 나의 주인이라네.
나의 영혼은 세상의 중심이요,
우주의 중심이라네.
천상천하의 유아독존이라네.

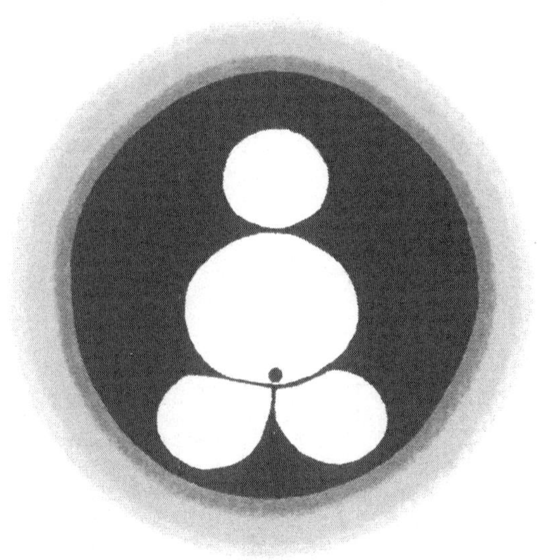

³ 태양신이시여!

태양이시여!
찬으로 위대하신 태양신^(太陽神)이시여!
태양 빛인 태양광^(太陽光)과 태양 열인 태양의 따뜻함이여!
만물의 어버이이시요, 세상 만물의 창조주여라!
태양님, 참으로 감사합니다.

태양계 안에서의 태양은
사람뿐 아니라 세상 만물의 유일신(唯一神)이다.
태양이 없다면 우주 안의 모든 생명체가
살 수가 없기 때문이다.

지구 마을 사람들에게 유일한 神이 있다면
그것은 오직 태양신뿐이라네.
우리가 말하는 神이란 신이 아니라
우리 영혼을 말한 것이라네.
신명(神明)의 신이 神이요,
영혼(靈魂)의 영이 神이요,
혼불(=魂靈=혼령)의 불이 神이라네.

신(神)이란 빛으로
영혼의 빛을 말한 것이라네.
사람들은 빛이 있는 영혼을 神이라 말하고
빛이 없는 영혼을 귀신이라 말하는 것이라네.
그리고 혼(魂)이란
우리의 얼이요, 넋이요, 정신머리요,
영혼의 뿌리라네.

영(0)인 무(無)와 공(空)도 우주요,
시작인 일(1)과 끝인 십(10)도 우주요,
음양인 해와 달과 밤과 낮도 우주요,
천지인(天地人)인 하늘 땅 사람도 우주요,
일월성신인 해와 달과 별과 은하수도 우주요,
음양오행인 해 달 화성 수성 목성 금성 토성도 우주요,
영(0)에서 구(9)까지도 우주요,
일(1)에서 십(10)까지도 우주요,
무지개 색깔인 빨주노초파남보도 우주요,
무지개 색깔과 검정 흰색 무색인 열 가지(10) 빛깔도 우주요,
하늘님과 천지님도 우주라네.
모두가 다 우주를 말한다네.

우주(宇宙)란
세상 만물의 큰 집이요,

우리 모두의 숨통이라네.

우주는 세상 만물을 능히 다 죽일 수도
살릴 수도 있다네.
우리의 숨통을 끊어버릴 수도
살게 할 수도 있다네.

우주는 참으로 위대하신 신(神)이요, 조물주요, 창조주라네.

5 태초의 나

태초에 한 빛이 있어
산소가 우리 목숨이 된다.
산소가 영혼이 되어 아름다운
한 인간으로 세상에 우뚝 선다.
지혜의 광명으로 길이길이 빛나리.
영혼의 숨결로 길이길이 살아가리.
아름다운 영혼으로 영원히 살아가리.

6 참 道人

참 道人은 참 사람이요, 眞人이요, 聖人이요,
아름다운 영혼이요, 자성광명의 참 나요,
지혜광명의 참 부처님!

참 道人은 참마음으로, 양심적으로,
올바르고 건강하고 지혜롭고 아름답고 행복하게 잘 살아가는
사람들이다.

⁷ 참 나, 참마음

참 나 드러나면
지혜로움 빛이 나고
참 마음 밝혀지면
부처님이 웃으신다.
부처님이 웃으시니 평화가 찾아오네,
웃음꽃이 피어나네.

8 고요함

고요한 밤, 고요히 앉아
침묵 맞으니 나도 없고
숨도 없고 자연이 되네.
우주의 숨결 느껴보니 우주가 되네.
우주의 큰집 주인되니 큰사람(大人)되네.

9 — 지금 나는

나는 지금 하늘이 된다. 땅이 된다.
사람다운 참사람 된다.
세상에 우뚝 선다.
자연이 된다. 우주가 된다.
하늘 사람, 땅 사람, 참 사람이 하나되니,
道人이 된다. 眞人이 된다.

10 고마우신 부처님

태양 부처님께서는
살기 좋은 지구 마을을 주셨고
산소 부처님께서는
우리의 목숨을 주셨고
물 부처님께서는
다양한 먹거리를 주셨으니,
참으로 고마우신 산 부처님.
우주 부처님, 자연 부처님, 참 부처님,
감사합니다.

¹¹ 기다림

웃음 가득 기다림은
기다림 시간을 잊는구나.
기다림 없는 기다림으로
반가운 님 맞고 보면
기다림 가득 더욱 반갑네.

희망 가득 기다림은
외로움도 잊는구나.
기쁨 가득 기다림은
보람이 되네. 축복이 되네.

12 참사람

하늘 땅 사람, 천지인(天地人) 삼재(三才).
하늘 사람, 땅 사람, 참 사람, 함께 더불어.
세상 만물과 한 몸 되어 함께 숨 쉰다.
큰 사람 되어 우주여행 떠나시게.
참사람으로 세상 주인 되어 보소.

우주인으로, 자연인으로, 참사람으로 참되게 살아보소.
참되리, 행복하리, 낙원되리.

13 웃음 가득

하늘도 웃고 땅도 웃고
사람도 웃고 세상도 함께 웃으니
극락도 되고 천당도 되고 낙원도 되네.
웃음 가득, 행복 가득, 평화도 가득.

웃으며 살아도 모자라는 세상.
감사하며 사랑하소.
보은하며 살아가소.
영혼을 빛내소서.

14 신선하네요

사람이 山에 있으면
神仙이 된다.
自然이 된다.
건강한 몸과 지혜로운 마음으로
행복하게 잘 살면 누구나 다
神仙이 된다.
건강하고 싱싱하고 신선하면
神仙이 된다.
자연의 마음으로 돌아가면
神仙이 된다.

15 _ 기도의 기쁨

기도하는 마음, 이루고 싶은 마음일세.
노력으로 땀으로 정성으로 이루어가면
꿈은 현실 되고 기도는 삶이 되네.
기도를 담아 정성을 담아 땀으로 살고 보면
행복이 찾아오리, 기쁨 가득 채워지리.
기도하는 마음이 부처님 마음일세.
기도하는 정성이 하나님 손길일세.

16 — 감사, 감사, 또 감사

감사의 마음이 부처님 마음.
원망 생활을 감사 생활로 돌리면
부처가 보인다.
부처님의 눈으로
세상을 보면 모두가 다 부처님.
감사하고 감사하고, 항상 감사하면,
부처님 마음 닮아가리. 부처님이 되어가리.
부처님 마음 가득하면, 낙원이 되리.
평화가 오리.

17 _ 가난한 밥그릇

인생길 가다 보면
가난할 때도 있고
험난한 고갯길도 있고
그냥 주저앉을 때도 있다네.
그때마다 나의 영혼은 더욱 빛나고
가난한 밥그릇 속에선 미소가 되고
험난한 고갯길에선 길동무되고
먼 산을 바라볼 땐 말벗이 되네.
영혼의 숨결로 잘 살으라, 말을 건네네.
살아있음이 인생이라, 위로를 하네.

가난함을 알고 보면
분수도 알고 분수도 지킨다네.
부자도 되고 성공도 한다네.

가난함은 겸손이 되고 절약도 되고
근면도 되고 성실이 된다.
참으로 좋은 친구라네.
참좋은 스승이라네.

18 _ 늘 처음처럼

늘 고마운 마음으로
오늘도 내일도 살아있으매
참 나 드러나고 행복도 찾아오네.

매일매일이 즐거움 가득.
오늘도 내일도 늘 처음처럼.
늘 고마운 마음으로 늘 처음처럼.

영혼불멸과 선인선과가 참 道다

영혼불멸과
선인선과가 참 道다

우리의 영혼은 사람의 씨앗으로 생로병사를 따라 영원히 살아간다. 우리의 영혼은 불생불멸(不生不滅)이요, 불로장생(不老長生)한다. 지금 이 순간 자기 자신의 영혼이 아름답게 빛나고 있는가. 또한 영원한 세월 동안 건강하고 지혜롭고 행복하게 잘 살 자신이 있는가를 다시 한 번 꼼꼼이 점검해보고 확인해보아야 한다. 늘 자기 자신을 아주 세심히 관찰하고 올바르게 잘 수정하고 이끄는 노력을 끊임없이 기울여가야 한다.

1.

진리는 깨치는 것이 아니라, 느끼고 알고 증험하고 함께하는 것이다. 신리란 우주의 변화요, 자연의 변화이며, 자연의 섭리를 말한다. 우주와 자연의 변화를 잘 알고 제대로 느끼고 조화롭게 잘 살아가는 것이 중요하며 우주와 자연과 더불어 한마음, 한 몸, 한 삶을 살아야 한다. 우주와 자연을 거스르지 않고

잘 순응해야 한다. 풍운우로상설에 잘 적응하고 춘하추동에 잘
순응하고 밤과 낮의 변화에 잘 대처하고 생로병사의 변화에 잘
따라야 한다.

우주와 자연은 무에서 유로, 유에서 무로 변화하고, 공에서 색
으로, 색에서 공으로 변화하며, 우주의 성주괴공과 만물의 생
로병사로 변화하고, 풍운우로상설과 춘하추동으로 변화하며,
흥망성쇠와 희로애락애오욕 칠정의 감정을 따라 끊임없이 변
화한다. 이러한 변화를 알아서 슬기롭게 잘 살면 참 진리를 깨
달았다 할 것이다. 진리는 깨닫는 것이 아니라 삶의 지혜를 터
득하는 것이다. 평화롭고 행복하고 슬기롭게 잘 살아가는 법을
알아가는 것이다.

2.

道는 닦는 것이 아니라 자연과 세상과 수많은 사람과 함께 더
불어 잘 사는 것이다. 道란 우주요, 우주만유^(宇宙萬有)요, 삼라만
상^(森羅萬象) 형형색색^(形形色色)이요, 자연현상이요, 세상 만물을 말
한다.
우주와 자연과 더불어서 함께 잘 살아가는 것이 道를 잘 닦는
것이다. 자연과 더불어 건강하게 잘 살고 행복하게 잘 살고 평
화롭게 잘 사는 것이다. 자연과 더불어 지혜롭게 잘 살아가는
것이 道를 참으로 잘 닦는 것이다. 가만히 앉아서 우상을 만들
고 허상을 꿈꾸는 것이 아니라 생활 속에서 편리하고 행복한
삶을 사는 것이다. 道는 삶이요, 생활이다.

3.

도통(道通), 영통(靈通), 신통(神通)을 꿈꾸는 것이 아니라 신체(身体)를 신체(神体)로 만들고 육체(肉体)를 도체(道体)로 만들고 우리의 몸을 항상 광체(光体)가 나게 하여 슬기롭고 지혜롭게 잘 살아가는 것이 중요하다.

보고 듣고 생각하고 말하고 사는 것 모두를 지혜롭게 하고 올바르게 하고 건강하게 하고 행복하게 해야 한다.

우리 영혼의 마음이 양심인 것이다. 따라서 지혜로움이 참 인생이다. 우리의 영혼은 육체가 없으면 道를 닦을 수가 없다. 몸이 없는 상태로는 우리의 영혼을 향상시킬 수가 없다. 죽은 후의 영혼으로는 진급할 수가 없다. 또다시 새 몸을 받아 새롭게 태어나야 한다. 태중호흡을 통하여 건강하고 지혜롭게 잘 살고 아름다운 영혼으로 가꾸어야 한다. 명문단전을 통해 온몸으로 피부호흡을 하면 우리의 영혼이 아름답게 빛나게 된다.

죽은 후의 영혼세계를 천당이다, 정토(淨土)다, 도계(道界)다 말하지 말라. 잘 태어나서 잘 살다가 잘 죽고 또다시 잘 태어나서 잘 살아가는 것이 최고의 극락이요, 천당임을 명심해야 한다.

죽은 후 바로 태어나지 못하는 사연들이 있고 죽은 후 영혼들이 머무는 곳도 있고 죽은 영혼들이 사는 법도(法道)도 있음을 인정하라. 죽은 영혼들은 시간과 공간의 이동이 자유로울 뿐 그들의 세상이 인간 세상과 똑같음도 알아야 한다.

잘 살다가 잘 죽은 수행자들의 영혼은 산 사람들에게 결코 장난을 치지 않는다. 그러나 잘못 살다가 억울하게 죽은 영혼들이 성자철인들을 사칭하거나 조상들을 팔아가면서 산 사람들에게 장난을 친다.

좋은 일을 할 땐 귀신도 모르게 하라 했는데 귀신들은 수행자들의 좋은 기운을 귀신같이 알아서 사기 칠 기회를 호시탐탐 노린다. 그러므로 거의 모든 영통이나 도통이 죽은 영혼들의 장난인 경우가 많다. 철두철미한 수행자들도 죽은 영혼에게 사기를 당해서 사기꾼이 될 수도 있음을 명심하라.

가장 중요한 것은 지금 현재 육신을 가지고 살고 있음이요, 현재 영적 향상을 위해 부지런히 힘써야 한다는 것이다.
육신이 죽은 후의 영혼이 밥을 먹는 것과 육신을 가지고 있는 산 사람이 밥을 먹는 것은 천지 차이로 다르다는 것을 알아야 한다. 죽은 후에 잘 차린 제사상보다 살아있을 때의 물 한모금이 더 빛난다.

道는 체득(体得)이다. 체득이 없는 것은 죽은 것이다. 체득을 위해 몸이 필요한 것이다. 몸과 마음과 영혼과 정성과 노력이 함께한 삶이 아름답다.

4.
참 나와 참 道는 하나이며, 내 몸 밖에서는 찾을 수가 없다. 내 몸속 오장육부가 참 나요, 오장육부의 마음이 참 마음이다. 내 몸속 수억 만 개의 세포 생명체들이 모두 참 나요, 세포들의 마음이 참 마음이다.

우리 몸속 기도(氣道)가 참 道요, 식도(食道)가 참 道요, 곡도(穀道)가 참 道요, 12경락 기경8맥이 참 道다.

지금 현재 우리의 목숨을 살아있게 하는 물과 공기와 먹을거리가 다 참 道요, 지금 현재 우리 의식주를 책임져주는 모든 것이 다 참 道다. 道는 내 안에서 찾고 생활 속에서 찾고 자연의 변화와 현상 속에서 찾아라. 내 몸의 기도와 식도와 곡도를 닦지 아니하고 불도(佛道)와 선도(仙道)와 유도(儒道)를 잘 닦은들 무슨 의미가 있을까. 몸과 마음과 생활과 영혼을 함께 더불어 잘 닦고 잘 실천하는 지혜가 필요하다.

5.

우리의 몸과 마음을 건강하고 행복하게 잘 지키는 것이 참 삶이요, 우리의 몸과 마음을 내 마음대로 잘 쓰는 것이 참 삶이요, 삶을 함께하는 사람들과 더불어 자연의 변화 속에서 조화롭게 잘 살아가는 것이 참 삶이요, 우리의 영혼이 항상 아름답고 빛나도록 하는 것이 참 삶이요, 우리의 영혼이 영원토록 향상의 길을 잘 가도록 하는 것이 참으로 빛나는 참 삶임을 명심해야 한다. 각성해야 한다.

6.

지금 이 순간 어떠한 모습으로 살아있어야 가장 편안하고 가장 행복한 것인지를 늘 염두에 두어야 하며, 명문단전을 통하여 온몸으로 숨을 쉬어야 한다. 명문단전이란 우리 허리(척추)에 자리잡고 있는 명문혈(命門穴)을 말하며 명문단전을 통해 온몸의 피부로 숨 쉬는 것을 태중호흡이라 한다. 사람은 태중호흡을 하고 있을 때가 가장 편안하고 가장 행복하고 가장 아름답다. 우리의 몸과 마음이 가장 편안하고 가장 행복하고 가장 아름다울 때 우리의 영혼이 빛나게 된다. 영혼의 영적 성숙이 이루어진다. 순간순간의 삶이 온통 영적 성숙의 길을 열어가는 삶이 되도록 해야 한다. 영적 진급의 길을 걸어가도록 해야 한다.

젖먹이 아이들의 잠자는 모습을 보라!
태중호흡을 하고 있기 때문에 얼마나 편안하고 얼마나 행복하며 얼마나 아름다운가! 태중호흡이란 어머니 뱃속에서의 태아호흡이요, 젖먹이 아이들의 호흡을 말한다. 태중호흡은 영혼의 숨결이다. 태중호흡은 우리의 영혼을 더 아름답게 가꾸어준다.

7.

사람은 죽어서 어디로 갈까?
우리의 목숨(숨, 호흡)이 숨어있는 영혼으로 돌아간다.
자기 자신으로 돌아가는 것이다.

목숨 섬기기를 하늘같이 하라. 사람도 죽으면 씨앗을 남긴다.

사람의 씨앗은 육신이 사라지고 목숨이 끊어진 나요, 우리의 죽음이요, 우리 목숨이 숨어 있는 나로, 우리의 영혼(靈魂)을 말한다. 우리의 목숨은 죽음으로, 죽음은 목숨으로, 생(生)은 사(死)로, 사(死)는 생(生)으로, 돌고 돌며 끊임없이 변화한다. 영원히 사는 것이다.

우리의 영혼은 영원하다.
생로병사(生老病死)를 따라 끊임없이 변화하면서 영원히 살아간다. 영생(永生)을 하는 것이다. 진리를 찾아 참다운 삶을 찾아 참된 영혼을 찾아 나선 수행자들의 삶은 영원할 것이다. 불로장생(不老長生)을 할 것이다.

8.
어제의 길은 지나온 길이라 참 길이 아니요, 내일의 길은 아직 가지 않은 길이라 참 길이 아니다.

불생불멸의 영혼길이 참 길이요, 선인선과의 인과길이 참 길이다. 오늘 하루 동안 자기 자신인 영혼을 주인으로 섬기며 영생을 향해서 적중하는 인생길이 참 길이다.

오늘 하루 동안 내 몸 밖 우주길이 참 길이요, 내 몸 안 육장육부길이 참 길이요, 자기 자신의 영혼길이 참 길이다. 영혼불멸과 선인선과가 참 道다.

9.

삼세인과(三世因果)를 깨치면 영생(永生)을 얻는다. 순간 속에서 영생을 살게 되면 자기 구원을 마치게 되는 것이다. 전생과 금생과 내생이 한마음 한 몸 한 삶이 된다. 순간순간의 삶이 영생이 되고 순간의 삶속에서 영생이 더욱더 빛나게 된다.

불생불멸의 영혼으로 선인선과의 복락을 누리게 된다. 지혜의 광명을 따라 지혜롭게 잘 살아가야 선악(善惡)과 죄복(罪福)과 고락(苦樂)과 은해(恩害)의 구별이 분명하여 죄악과 죄고의 고통 속에 빠지지 않게 된다. 행복한 낙원의 삶으로 영원히 이어진다. 영생하는 것이다. 영혼의 숨결을 따라 양심을 따라 지혜의 광명을 따라 영원히 살게 된다.

10.

종교를 넘어선 새로운 길을 찾으라. 종교를 넘어선 새로운 종교의 길을 갈 때다. 모든 종교의 틀을 깨고 모든 종교의 발자취를 지우고 모든 성자와 철인의 사상과 철학을 뛰어넘으라. 모든 종교와 모든 철학과 모든 사상의 근본 뿌리를 찾으라. 영생을 잘 살고 영원한 진화의 길을 찾으라. 지금 현재 자기 자신의 영혼으로부터 새롭게 출발하라. 지금 현재 자기 자신의 영혼을 씨줄 삼고 선인선과의 인생을 날줄 삼아서 건강하고 행복하게 잘 사는 것으로부터 출발하라. 지금 현재의 자기 자신에 감사하며 열심히 잘 사는 것으로부터 시작하라. 지금 나의 몸 밖에는 태양이 있고 우주가 있고 자연이 있고 세상 만물이 있고 지구가 있고 전 인류가 함께 살아가고 있음을 생각하라. 지금은 천상천하의 유아독존으로 살 때다. 지금은 우주 안에서 독생자로 살아갈 때다. 지금의 내가 건강하고 행복해야 세상이 아름답다. 우리 생명의 근본 뿌리는 영혼이다. 우리 영혼이 환생을 거듭하면서 영원히 살아간다. 선인선과라고 하는 삶의 원칙에 따라 지혜롭게 잘 살면 영생을 잘 살 수 있다.

우주와 내가 하나로 한마음 한 몸 한 삶이요(宇我一體-우아일체), 우리의 생과 사는 하나로 생은 사로 사는 생으로 왔다 갔다 하면서 한결같이 여여하며(生死一如-생사일여) 우리의 영혼은 불생불멸로 영원하고 영생한다(靈魂不滅-영혼불멸). 우리가 착한 마음씨로 착하고 착하게 오래도록 잘 살고 보면(善因善果-선인선과) 세세생생(世世生生) 거래간(去來間)에 복덕(福德)과 지혜(智慧)가 한량이 없을 것이다(福慧增進-복혜증진). 우리가 이 땅 위에서 살아가는 동안 하늘과 땅과 세상 만물이 다 우리를 잘 지켜주고 보호하여 영원토록 행복하게 잘 살게 하리라(永天永地 永保永生!-영천영지 영보영생).

수행자들이여, 영원하라!
깨달음이여, 영원하라!
우리의 영혼이여, 영원하라!

부록

영혼불멸과 선인선과가 서로 서로 바탕되어

아름다운 환생으로 이어진다네.

무지개 마을에는 보살님이 주인이요

천사님도 함께 살아요.

하늘과 땅과 사람들은 뭣들을 하는 걸까.

사람 씨앗인 영혼농사를 짓는다네.

밤 하늘 별나라에 태양은 빛나건만 해가 없다 말을 하네.

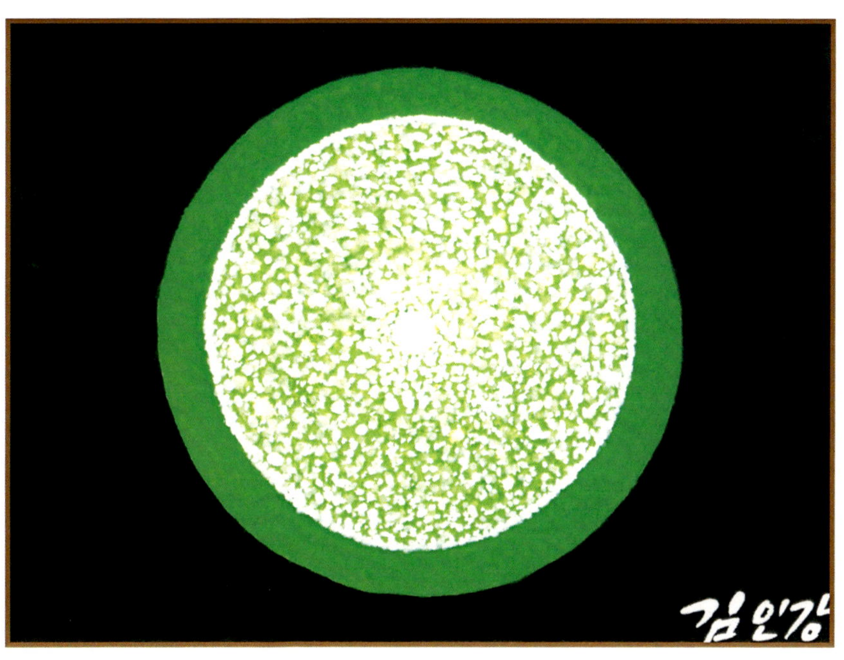

지구 마을 첫 손님, 식물성 플랑크톤.

물은 만물의 근원이요, 생명체의 고향

세상 만물에도 정령이 깃들어 있다네요.

우주만유가 한몸이요 한마음.

우주안에 무지개꽃 한송이가 활짝 피었네요.

하늘 땅 사람, 세상 만물 가운데

바다 속 물고기가 인류의 조상이라.

하늘과 땅과 사람이 만나서 태극기를 그려내고

우주와 하나가 되네.

밤하늘 보름달을 바라보니 고향생각 절로 나누나.

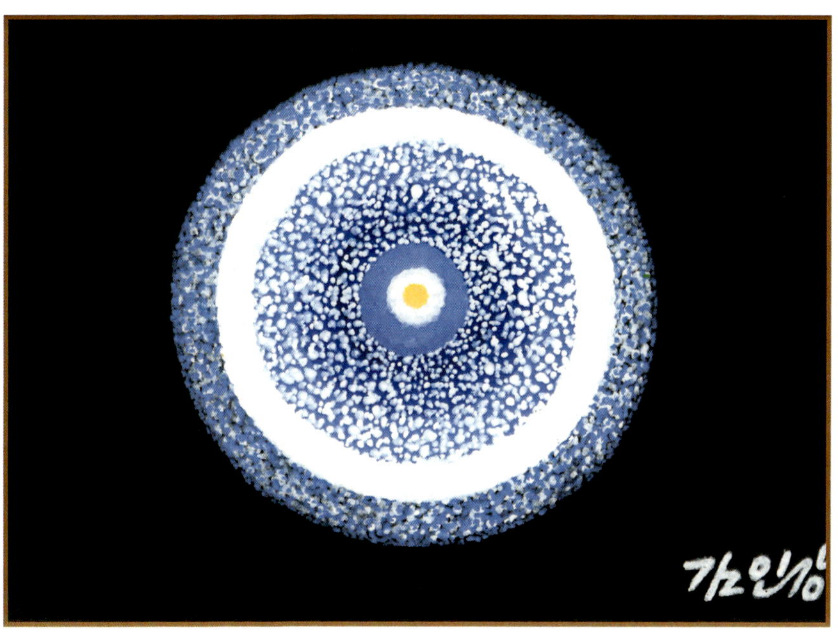

밝음의 빛도 아름답지만 어둠의 빛은 더욱 아름답다네.

참으로 경이롭구나.

우주에서 본 지구의 모습, 참으로 아름답네요.

해와 달과 지구(땅)가 만나면

임금 왕자를 그려 내고, 하늘과 땅과 사람이 만나면

세상의 주인이 되네.

우주만유가 그린 한송이 연꽃송이.

세상만물이 다 한 뿌리, 한 몸, 한 조상.

하늘 아래 땅 위 연못에는 연꽃극락 펼쳐 있네.

연꽃의 향내음이 십 리를 간다네요.

하늘이 내린 시원한 쥬스 한 잔,

감사의 마음뿐이네.

우리 영혼의 마음에 적중을 하고서야

참으로 바를 수가 있다네.

우주만유의 나요, 참 나의 영혼이요,

환생의 새로운 나.

산속 주인 소나무는 태양보다 높네요.

살아 천년 죽어 천년을 산다네요.

하늘의 나, 구름 속의 나, 영혼 속의 참 나.

안개 속 소나무, 참으로 듬직하고 참으로 멋이 있네.

몸으로 웃고, 얼굴로 웃고, 마음으로 활짝 웃어보세요.

그리하면 우리의 영혼이 아름답게 빛나요.